Günther Beyer

Gedächtnis- und Gehirntraining

Günther Beyer

Gedächtnis- und Gehirntraining

mvg Verlag

Bibliografische Information der Deutschen Nationalbibliothek
Die Deutsche Nationalbibliothek verzeichnet diese Publikation in der Deutschen Nationalbibliografie; detaillierte bibliografische Daten sind im Internet über http://dnb.d-nb.de abrufbar.

Umschlaggestaltung: Vierthaler & Braun Grafikdesign, München
Umschlagfoto: Corbis, Düsseldorf (Lynn Christiansen/Zefa/Corbis)
Redaktion: Kathrin Stachora, Landsberg am Lech
Satz: Jürgen Echter, Redline GmbH
Printed in Netherland
ISBN 3-636-06245-X

Inhalt

Vorwort

Verehrte Leserin, verehrter Leser,

dieses Buch bietet Übungen, die Ihnen helfen, schwierige Alltagssituationen leichter zu bewältigen und Ihre Lebensfreude zu steigern.

Dazu wurden Übungen entwickelt, die Fähigkeiten in den sechs wichtigen Bereichen des Alltags trainieren:

1. Räumliche Orientierung
2. Alltagsentscheidungen
3. Sprachverständnis
4. Wortschatz
5. Kopfrechnen
6. Sonderkapitel „Gedächtnis“

Insgesamt finden Sie in diesem Buch drei Schwierigkeitsstufen:

1. Die leichteste Stufe ist **ROT** gekennzeichnet.
2. Die mittlere Stufe ist **GELB** gekennzeichnet.
3. Die schwierigere Stufe ist **GRÜN** gekennzeichnet.

Wenn Sie sich von Rot über Gelb in den grünen Bereich hineintrainieren, dann werden Sie auch im hohen Alter noch geistig topfit sein!

Vergessen Sie aber bei all dem Training nicht, dass Ihnen die Übungen Spaß und Freude bereiten sollen. Deshalb gilt: niemals verkrampft üben, sondern locker mit Freude und auch – wo möglich – in geselliger Runde zusammen mit Freunden.

Wie Sie mit diesem Buch genau üben müssen, finden Sie auf den nächsten beiden Seiten exakt beschrieben.

Ich möchte mich an dieser Stelle bei meiner Mitarbeiterin Melanie Wicha bedanken, die für dieses Buch die Lösungen erstellt hat.

Sollten Sie Anregungen zu diesem Buch haben oder mehr über mein Institut erfahren wollen, können Sie sich unter www.beyer-seminare.de informieren oder mir mailen: info@beyer-seminare.de

Ich wünsche Ihnen viel Spaß und Erfolg!

Günther Beyer

So gehen Sie in diesem Buch vor

1. Legen Sie sich eine Stopp-Uhr oder eine Uhr zurecht, auf der Sie ablesen können, wie viel Zeit Sie für eine Übung brauchen. Die Lösungen finden Sie immer am Ende einer kompletten Farbstufe.

2. Beginnen Sie zuerst mit der roten Stufe und trainieren Sie dann über Gelb nach Grün.

3. Wenn Sie die rote Schwierigkeitsstufe üben, dann trainieren Sie bitte jede Woche von Montag bis Freitag eine Viertelstunde, bis Sie zur gelben Stufe überwechseln. Am Wochenende ruhen Sie sich aus.
   Wenn Sie die gelbe Stufe üben, trainieren Sie bitte drei Tage pro Woche je eine Viertelstunde, bis Sie die grüne Stufe erreichen.
   Wenn Sie schließlich die grüne Stufe trainieren, dann üben Sie bitte zwei Tage pro Woche je eine Viertelstunde. Hier wechseln Sie dann nicht mehr zu einer anderen Stufe, sondern üben für die Zukunft regelmäßig weiter, um Ihre geistige Fitness für den Alltag aufrechtzuerhalten.

4. Wenn Sie eine Übung an drei aufeinander folgenden Tagen in der angegebenen Zeit geschafft haben oder sogar noch schneller waren, dann brauchen Sie diese Übung nicht mehr zu wiederholen.

5. Wenn Sie von den vier Übungen eines Bereiches (z. B. räumliche Orientierung/rot oder Wortschatz/gelb) drei Übungen aufgrund Ihres guten Ergebnisses nicht mehr zu wiederholen brauchen, dann wechseln Sie für diesen Bereich (aber nur für diesen Bereich) zur nächsten Farbe über. Also von Rot nach Gelb bzw. von Gelb nach Grün.

6. Bitte kreuzen Sie in Ihren Übungen nichts an, sodass Sie sie öfter durchführen können.

7. Auf der jeweiligen Folgeseite (Kontrolle) tragen Sie Ihre jeweils erreichte Zeit ein. Wenn Sie eine Übung nicht mehr wiederholen müssen, kreuzen Sie unten links „erledigt“ an. So haben Sie immer vor Augen, was Sie geschafft haben.
8. *Achtung*: Im Sonderkapitel „Gedächtnistraining“ gehen Sie anders vor! Wie, das ist in diesem Kapitel gesondert beschrieben.

ROTE STUFE

1

Räumliche Orientierung

- Wie war noch mal das Schnittmuster zusammengesetzt?
- Durch welche Straße kam ich auf dem Hinweg (jetzt sehe ich sie auf dem Rückweg aus einer anderen Perspektive)?
- An welchen Verkaufsständen muss ich vorbei, um in diesem Kaufhaus wieder zum Ausgang zu gelangen?

Solche und ähnliche Fähigkeiten trainieren Sie mit diesen Übungen in vergleichbarer und ein wenig abgewandelter Form.

Für Cracks
Wenn Ihnen diese rote Stufe (die leichteste) zu einfach erscheint, dann wechseln Sie bitte direkt zur gelben Stufe (der mittleren) über oder nutzen die rote Stufe lediglich als „Aufwärmübung".

Übung 1

Zeit: 25 Sekunden

Welche der Linien 1, 2 oder 3 passt zu A, B bzw. C?
Finden Sie die Lösung *nur* im Kopf, bitte nichts zeichnen oder herausschneiden.

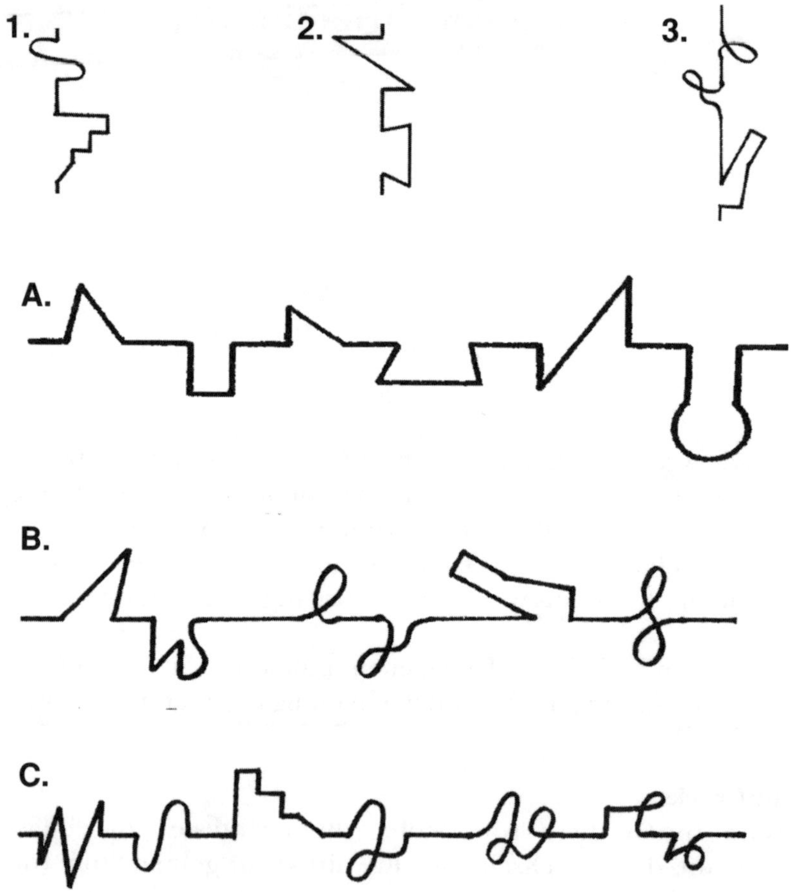

Kontrolle Übung 1

Wenn Sie die Zeit von 25 Sekunden

an drei aufeinander folgenden Tagen geschafft haben oder sogar noch schneller waren, dann brauchen Sie diese **Übung 1** nicht mehr zu wiederholen.

Bitte tragen Sie hier jedes Mal Ihre Zeit ein.

Versuche	Zeit	Versuche	Zeit
1. Versuch:	____________	9. Versuch:	____________
2. Versuch:	____________	10. Versuch:	____________
3. Versuch:	____________	11. Versuch:	____________
4. Versuch:	____________	12. Versuch:	____________
5. Versuch:	____________	13. Versuch:	____________
6. Versuch:	____________	14. Versuch:	____________
7. Versuch:	____________	15. Versuch:	____________
8. Versuch:	____________		

Bitte ankreuzen: Übung 1 erledigt (an drei aufeinander folgenden Tagen geschafft):

O

Übung 2

Zeit: 1 Minute

Welche der Linien 1, 2, 3, 4, 5 bzw. 6 passt zu A, B, C, D, E bzw. F? Finden Sie die Lösung *nur* im Kopf, bitte nichts zeichnen oder herausschneiden.

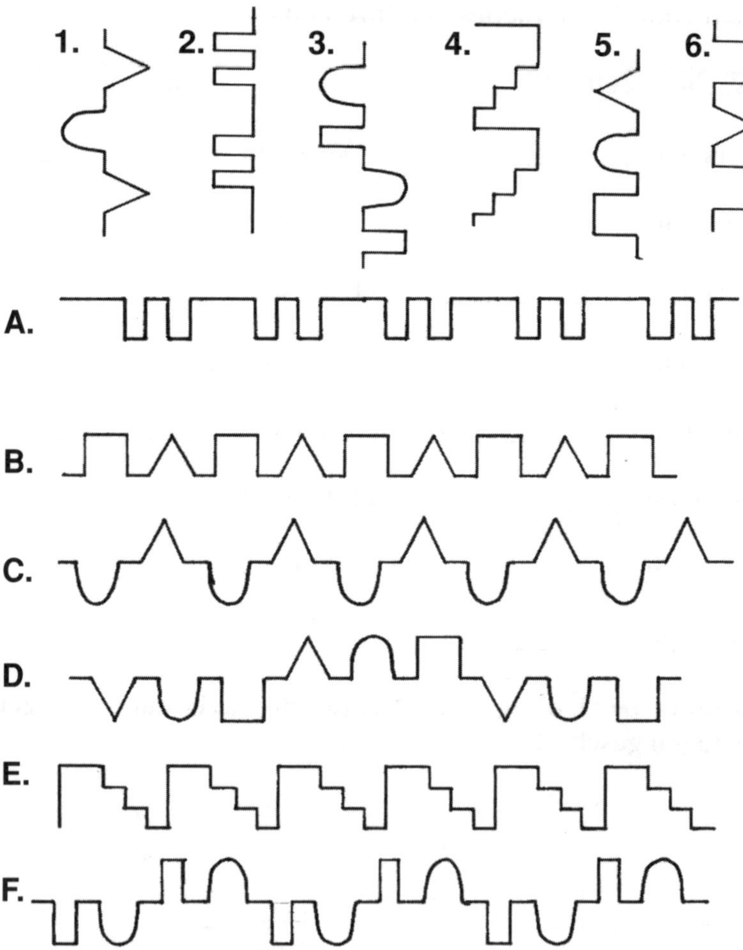

Kontrolle Übung 2

Wenn Sie die Zeit von 1 Minute

an drei aufeinander folgenden Tagen geschafft haben oder sogar noch schneller waren, dann brauchen Sie diese **Übung 2** nicht mehr zu wiederholen.

Bitte tragen Sie hier jedes Mal Ihre Zeit ein.

Versuche	Zeit	Versuche	Zeit
1. Versuch:	______________	9. Versuch:	______________
2. Versuch:	______________	10. Versuch:	______________
3. Versuch:	______________	11. Versuch:	______________
4. Versuch:	______________	12. Versuch:	______________
5. Versuch:	______________	13. Versuch:	______________
6. Versuch:	______________	14. Versuch:	______________
7. Versuch:	______________	15. Versuch:	______________
8. Versuch:	______________		

Bitte ankreuzen: Übung 2 erledigt (an drei aufeinander folgenden Tagen geschafft):

O

Übung 3

Zeit: 25 Sekunden

Wie viele Tassen sind im Schrank?

Die kleinen Türme zählen zwei Tassen, die mittleren drei Tassen und die großen acht Tassen.

Vergessen Sie die Einzeltassen nicht!

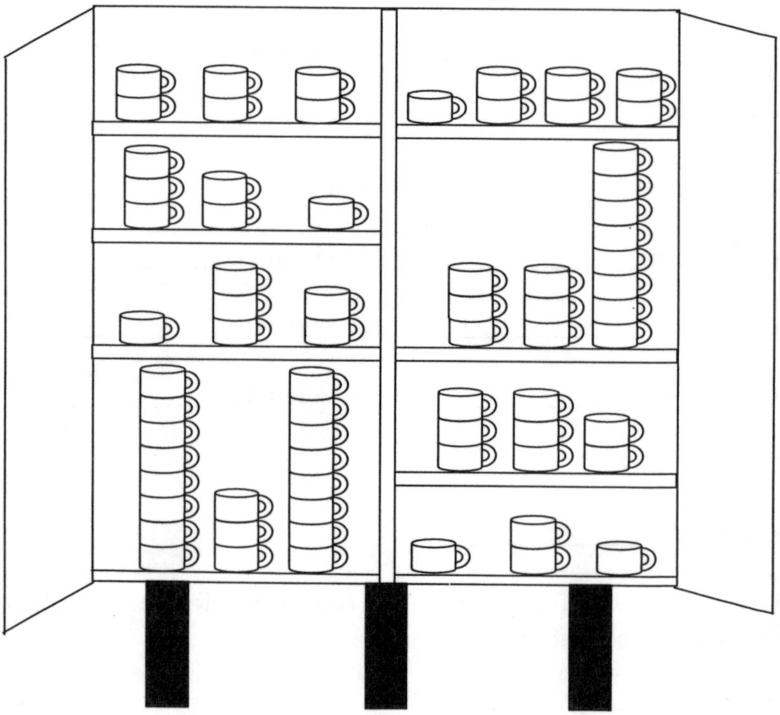

Kontrolle Übung 3

Wenn Sie die Zeit von 25 Sekunden

an drei aufeinander folgenden Tagen geschafft haben oder sogar noch schneller waren, dann brauchen Sie diese **Übung 3** nicht mehr zu wiederholen.

Bitte tragen Sie hier jedes Mal Ihre Zeit ein.

Versuche	Zeit	Versuche	Zeit
1. Versuch:	______________	9. Versuch:	______________
2. Versuch:	______________	10. Versuch:	______________
3. Versuch:	______________	11. Versuch:	______________
4. Versuch:	______________	12. Versuch:	______________
5. Versuch:	______________	13. Versuch:	______________
6. Versuch:	______________	14. Versuch:	______________
7. Versuch:	______________	15. Versuch:	______________
8. Versuch:	______________		

Bitte ankreuzen: Übung 3 erledigt (an drei aufeinander folgenden Tagen geschafft):

O

Übung 4

Zeit: 1 Minute

Sie möchten von zu Hause nach A, B, C, D, E, F gehen. Sie sind müde und wollen deshalb jeweils den kürzesten Weg gehen. An den Kreuzungen dürfen Sie, wann immer Sie wollen, auf den kreuzenden Weg überwechseln. Es gibt drei kürzeste Strecken.

Finden Sie *nur* mit den Augen die drei kürzesten Strecken. Haben Sie es geschafft – und in welcher Zeit?

Ihr Zuhause

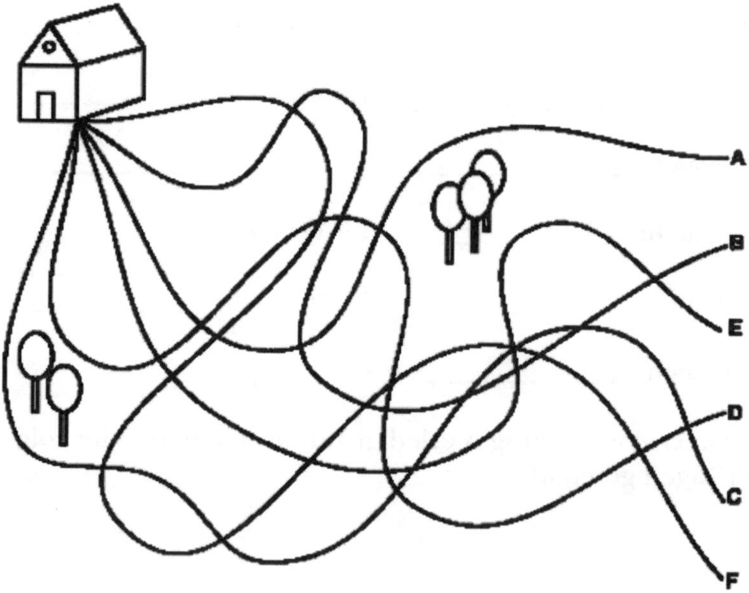

Kontrolle Übung 4

Wenn Sie die Zeit von 1 Minute

an drei aufeinander folgenden Tagen geschafft haben oder sogar noch schneller waren, dann brauchen Sie diese **Übung 4** nicht mehr zu wiederholen.

Bitte tragen Sie hier jedes Mal Ihre Zeit ein.

Versuche	Zeit	Versuche	Zeit
1. Versuch:	________________	9. Versuch:	________________
2. Versuch:	________________	10. Versuch:	________________
3. Versuch:	________________	11. Versuch:	________________
4. Versuch:	________________	12. Versuch:	________________
5. Versuch:	________________	13. Versuch:	________________
6. Versuch:	________________	14. Versuch:	________________
7. Versuch:	________________	15. Versuch:	________________
8. Versuch:	________________		

Bitte ankreuzen: Übung 4 erledigt (an drei aufeinander folgenden Tagen geschafft):

O

2

Alltagsentscheidungen

- Nehme ich den Bus oder die Straßenbahn, um nach Hause zu kommen?
- Ist das Pfund roter Äpfel beim Obsthändler günstiger als die sechs gelben Äpfel?
- Was muss ich noch einkaufen, was fehlt mir für den Besuch meiner Familie am nächsten Tag, welche Entscheidung ist richtig?

Solche und ähnliche Fähigkeiten trainieren Sie mit diesen Übungen in vergleichbarer und ein wenig abgewandelter Form.

Übung 5

Zeit: 25 Sekunden

Welches Teil (A, B, C) passt wie oft in sämtliche Lücken? Fällen Sie so schnell wie möglich die Entscheidung für die drei Linien 1, 2 und 3

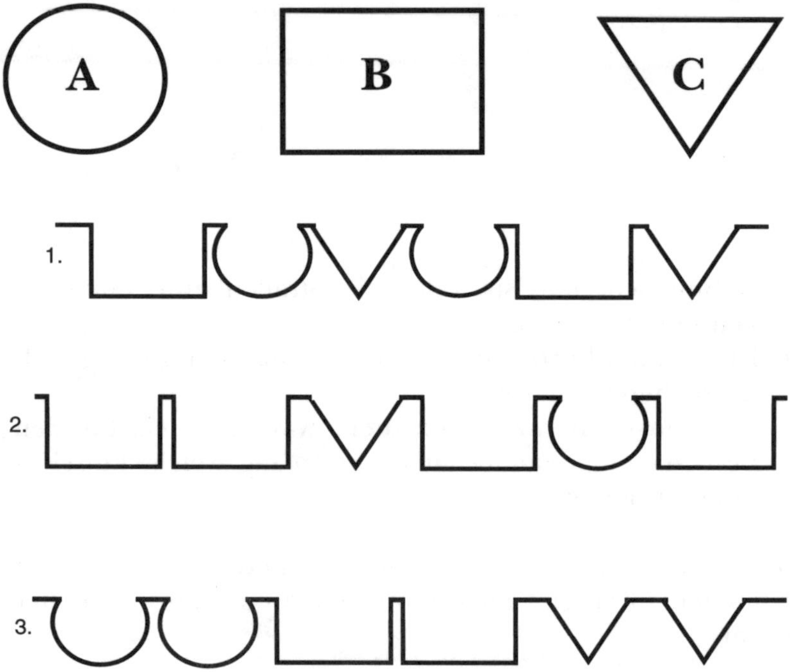

Kontrolle Übung 5

Wenn Sie die Zeit von 25 Sekunden

an drei aufeinander folgenden Tagen geschafft haben oder sogar noch schneller waren, dann brauchen Sie diese **Übung 5** nicht mehr zu wiederholen.

Bitte tragen Sie hier jedes Mal Ihre Zeit ein.

Versuche	Zeit	Versuche	Zeit
1. Versuch:	______________	9. Versuch:	______________
2. Versuch:	______________	10. Versuch:	______________
3. Versuch:	______________	11. Versuch:	______________
4. Versuch:	______________	12. Versuch:	______________
5. Versuch:	______________	13. Versuch:	______________
6. Versuch:	______________	14. Versuch:	______________
7. Versuch:	______________	15. Versuch:	______________
8. Versuch:	______________		

Bitte ankreuzen: Übung 5 erledigt (an drei aufeinander folgenden Tagen geschafft):

O

Übung 6

Zeit: 1 Minute 50 Sekunden

Finden Sie die Zahlen von 1 bis 25 in aufsteigender Reihenfolge. Bitte kreuzen Sie nichts an, damit Sie diese Übung öfter machen können.

2	8	13	3	10
24	14	11	12	9
15	6	1	18	23
25	7	17	5	20
21	4	16	22	19

Kontrolle Übung 6

Wenn Sie die Zeit von 1 Minute 50 Sekunden

an drei aufeinander folgenden Tagen geschafft haben oder sogar noch schneller waren, dann brauchen Sie diese **Übung 6** nicht mehr zu wiederholen.

Bitte tragen Sie hier jedes Mal Ihre Zeit ein.

Versuche	Zeit	Versuche	Zeit
1. Versuch:	______________	9. Versuch:	______________
2. Versuch:	______________	10. Versuch:	______________
3. Versuch:	______________	11. Versuch:	______________
4. Versuch:	______________	12. Versuch:	______________
5. Versuch:	______________	13. Versuch:	______________
6. Versuch:	______________	14. Versuch:	______________
7. Versuch:	______________	15. Versuch:	______________
8. Versuch:	______________		

Bitte ankreuzen: Übung 6 erledigt (an drei aufeinander folgenden Tagen geschafft):

O

Übung 7

Zeit: 1 Minute 25 Sekunden

Bitte suchen Sie die Geldstücke und Geldscheine in der Reihenfolge 1 ct, 2 ct, 5 ct, 10 ct, 20 ct, 50 ct, 1 €, 2 €, 5 €, 10 €, 20 €, 50 €, 100 €, 200 €, 500 €.

Vorsicht vor Falschgeld oder fremder Währung!

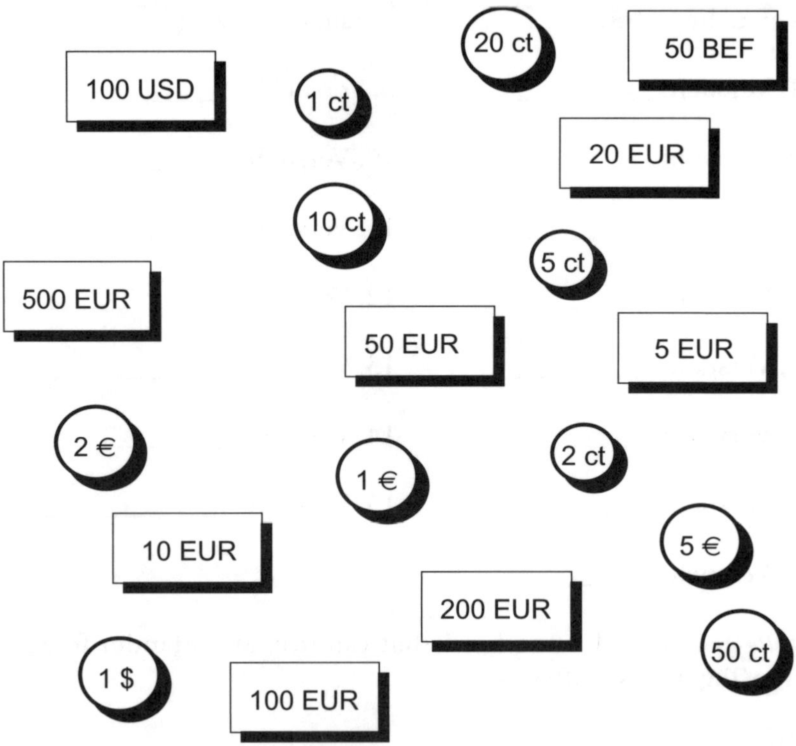

Kontrolle Übung 7

Wenn Sie die Zeit von 1 Minute 25 Sekunden

an drei aufeinander folgenden Tagen geschafft haben oder sogar noch schneller waren, dann brauchen Sie diese **Übung 7** nicht mehr zu wiederholen.

Bitte tragen Sie hier jedes Mal Ihre Zeit ein.

Versuche	Zeit	Versuche	Zeit
1. Versuch:	______________	9. Versuch:	______________
2. Versuch:	______________	10. Versuch:	______________
3. Versuch:	______________	11. Versuch:	______________
4. Versuch:	______________	12. Versuch:	______________
5. Versuch:	______________	13. Versuch:	______________
6. Versuch:	______________	14. Versuch:	______________
7. Versuch:	______________	15. Versuch:	______________
8. Versuch:	______________		

Bitte ankreuzen: Übung 7 erledigt (an drei aufeinander folgenden Tagen geschafft):

O

Übung 8

Zeit: 5 Minuten

Verfolgen Sie nur mit den Augen von einem der Buchstaben A, B, C, D, E aus den Weg auf den Linien zu einem der Buchstaben V, W, X, Y, Z.
Sie dürfen aber nur die Linien gehen, die insgesamt von einem der Buchstaben A, B, C, D oder E aus zu einem der Buchstaben V, W, X, Y oder Z in der **Summe 5** ergeben.

Beispiel: Der Weg von A nach X geht über die Zahlen 2, 1, 2, 0 = 5 oder der Weg von E nach W geht über die Zahlen 0, 0, 1, 4 = ebenfalls 5 usw.
Es gibt 25 Wege! Bitte finden Sie mindestens 20 Wege innerhalb der oben angegebenen Zeit.

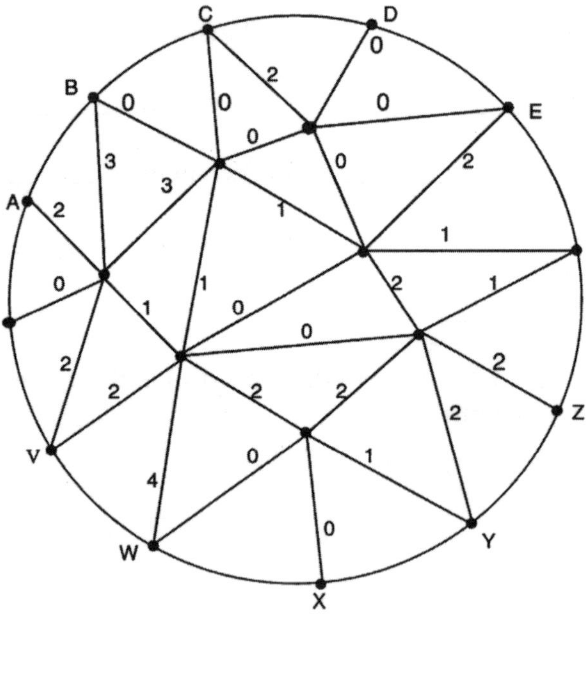

Kontrolle Übung 8

Wenn Sie die Zeit von 5 Minuten

an drei aufeinander folgenden Tagen geschafft haben oder sogar noch schneller waren, dann brauchen Sie diese **Übung 8** nicht mehr zu wiederholen.

Bitte tragen Sie hier jedes Mal Ihre Zeit ein.

Versuche	Zeit	Versuche	Zeit
1. Versuch:	______________	9. Versuch:	______________
2. Versuch:	______________	10. Versuch:	______________
3. Versuch:	______________	11. Versuch:	______________
4. Versuch:	______________	12. Versuch:	______________
5. Versuch:	______________	13. Versuch:	______________
6. Versuch:	______________	14. Versuch:	______________
7. Versuch:	______________	15. Versuch:	______________
8. Versuch:	______________		

Bitte ankreuzen: Übung 8 erledigt (an drei aufeinander folgenden Tagen geschafft):

O

3

Sprachverständnis

- Kann ich dem Sinn von Gesprächen folgen, wenn ich in Gesellschaft bin?
- Verstehe ich die Zusammenhänge der Nachrichten in einer Zeitung gut?
- Verstehe ich den Sinn der Sätze in einem Buch, auch wenn sie etwas länger sind?

Solche und ähnliche Fähigkeiten trainieren Sie mit diesen Übungen in vergleichbarer und ein wenig abgewandelter Form.

Übung 9

Zeit: 3 Minuten

In den folgenden 30 Wörtern kommen fünf Wörter zweimal vor!

Welche sind es? Es wird für Sie leichter, wenn Sie sich den Sinn eines jeden Wortes bildlich vorstellen, also z. B. ein Auto, das fährt, eine Katze, die miaut, usw.

Auto	Katze	Apfel	Mond	Sonne
Ente	Junge	Mücke	Zaun	See
Mann	Sonne	Schiene	Kirche	Hund
Salat	Ei	Fliege	Hose	Mann
Apfel	Laus	Weg	Zug	Korb
Stuhl	Hund	Kuh	Mücke	Bein

Kontrolle Übung 9

Wenn Sie die Zeit von 3 Minuten

an drei aufeinander folgenden Tagen geschafft haben oder sogar noch schneller waren, dann brauchen Sie diese **Übung 9** nicht mehr zu wiederholen.

Bitte tragen Sie hier jedes Mal Ihre Zeit ein.

Versuche	Zeit	Versuche	Zeit
1. Versuch:	______________	9. Versuch:	______________
2. Versuch:	______________	10. Versuch:	______________
3. Versuch:	______________	11. Versuch:	______________
4. Versuch:	______________	12. Versuch:	______________
5. Versuch:	______________	13. Versuch:	______________
6. Versuch:	______________	14. Versuch:	______________
7. Versuch:	______________	15. Versuch:	______________
8. Versuch:	______________		

Bitte ankreuzen: Übung 9 erledigt (an drei aufeinander folgenden Tagen geschafft):

O

Übung 10

Zeit: 1 Minute 30 Sekunden

Die folgenden 20 Wörter haben Lücken.

An welcher Stelle fehlen die Buchstaben R, C, E, N? Bitte kreuzen Sie nichts an, sondern fällen Sie die Entscheidung nur im Kopf!

Fahr ad	E tspannung
A tenne	Z it
S e	Sch ift
Di hter	Na ht
Bu h	Re hnung
Sch itte	G hirn
Minut n	Hu d
A beit	Te hnik
Kale der	Me sch
Fi ma	Haa e

Kontrolle Übung 10

Wenn Sie die Zeit von 1 Minute 30 Sekunden

an drei aufeinander folgenden Tagen geschafft haben oder sogar noch schneller waren, dann brauchen Sie diese **Übung 10** nicht mehr zu wiederholen.

Bitte tragen Sie hier jedes Mal Ihre Zeit ein.

Versuche	Zeit	Versuche	Zeit
1. Versuch:	______________	9. Versuch:	______________
2. Versuch:	______________	10. Versuch:	______________
3. Versuch:	______________	11. Versuch:	______________
4. Versuch:	______________	12. Versuch:	______________
5. Versuch:	______________	13. Versuch:	______________
6. Versuch:	______________	14. Versuch:	______________
7. Versuch:	______________	15. Versuch:	______________
8. Versuch:	______________		

Bitte ankreuzen: Übung 10 erledigt (an drei aufeinander folgenden Tagen geschafft):

O

Übung 11

Zeit: 1 Minute 25 Sekunden

Wie müssen die Sätze richtig lauten? Bitte finden Sie den richtigen Sinn nur im Kopf, während Sie laut lesen.

Die L/M aus isst Kä the/se

Der M ond/ann schwimmt im M eer/oor

Das Te lefon/flon klingelt l aut/ecker

Der Ball/Knall hüpft über die Straße/Klasse

Wenn die Wonne/Sonne scheint/weint ist e weiß/heiß

Die Hose/Soße ist aus Lieder/Leder

Das M oor/eer ist b lau/lond und g ras/roß

Heute/Leute gehen für/wir spazieren.

Weil es r edet/egnet bleiben wir daheim/Oheim

In der Sch ale/ule lernen die Rinder/Kinder viele Dinge/Ringe

Kontrolle Übung 11

Wenn Sie die Zeit von 1 Minute 25 Sekunden

an drei aufeinander folgenden Tagen geschafft haben oder sogar noch schneller waren, dann brauchen Sie diese **Übung 11** nicht mehr zu wiederholen.

Bitte tragen Sie hier jedes Mal Ihre Zeit ein.

Versuche	Zeit	Versuche	Zeit
1. Versuch:	____________	9. Versuch:	____________
2. Versuch:	____________	10. Versuch:	____________
3. Versuch:	____________	11. Versuch:	____________
4. Versuch:	____________	12. Versuch:	____________
5. Versuch:	____________	13. Versuch:	____________
6. Versuch:	____________	14. Versuch:	____________
7. Versuch:	____________	15. Versuch:	____________
8. Versuch:	____________		

Bitte ankreuzen: Übung 11 erledigt (an drei aufeinander folgenden Tagen geschafft):

O

Übung 12

Zeit: 35 Sekunden

Bitte schauen Sie sich das Wort „Auto" an. Es beginnt mit A und endet mit O.

Suchen Sie jetzt das Wort, das mit O beginnt. Sie werden sehen, es endet mit L. Suchen Sie nun das Wort, das mit L beginnt, usw. Fahren Sie so lange fort, bis Sie wieder bei dem Wort „Auto" angelangt sind.
Wenn Sie die Übung später wiederholen, beginnen Sie mit einem anderen Wort, zum Beispiel mit „Elefant", und suchen als Nächstes das Wort, das mit T beginnt, usw., bis Sie wieder bei „Elefant" landen. Bei jeder Übung sind es insgesamt jeweils zehn Wörter.

Viel Erfolg!

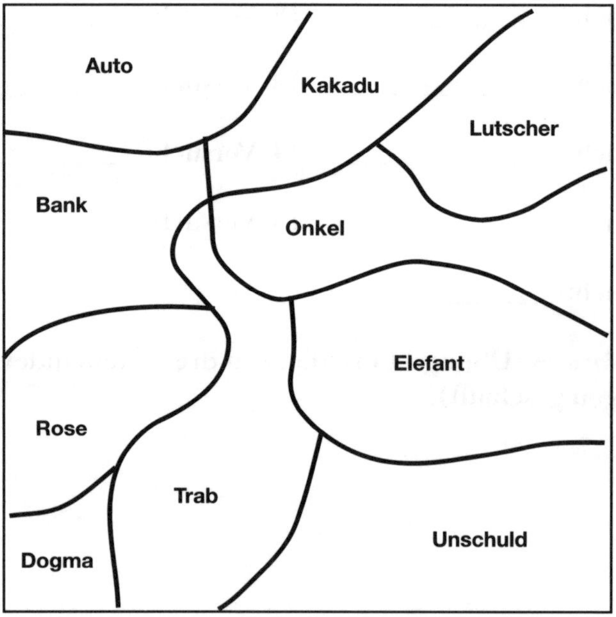

Kontrolle Übung 12

Wenn Sie die Zeit von 35 Sekunden

an drei aufeinander folgenden Tagen geschafft haben oder sogar noch schneller waren, dann brauchen Sie diese **Übung 12** nicht mehr zu wiederholen.

Bitte tragen Sie hier jedes Mal Ihre Zeit ein.

Versuche	Zeit	Versuche	Zeit
1. Versuch:	______________	9. Versuch:	______________
2. Versuch:	______________	10. Versuch:	______________
3. Versuch:	______________	11. Versuch:	______________
4. Versuch:	______________	12. Versuch:	______________
5. Versuch:	______________	13. Versuch:	______________
6. Versuch:	______________	14. Versuch:	______________
7. Versuch:	______________	15. Versuch:	______________
8. Versuch:	______________		

Bitte ankreuzen: Übung 12 erledigt (an drei aufeinander folgenden Tagen geschafft):

O

4

Wortschatz

- Wie gut kann ich mich an einem Gespräch beteiligen?
- Wie gut kann ich argumentieren, wenn ich in Gesellschaft bin?
- Wie gut schaffe ich es, meine Meinung darzustellen, sodass sie für andere interessant ist?
- Wie konzentriert kann ich sprechen, also ohne Sätze zu verstümmeln?

Solche und ähnliche Fähigkeiten trainieren Sie mit diesen Übungen in vergleichbarer und ein wenig abgewandelter Form.

Übung 13

Zeit: 1 Minute 50 Sekunden

Die folgende Übung enthält 20 Wortpaare. In jedem Wortpaar stimmen zwei Buchstaben nicht überein. Welche sind es? Lesen Sie die jeweils beiden Buchstaben laut vor.

Beispiel: Hand – Hund. In diesem Wortpaar stimmen die beiden Buchstaben A und U nicht überein. Sie lesen also laut: A, U!

Bitte finden Sie so schnell wie möglich heraus, welche Buchstaben in den folgenden Wortpaaren *nicht* übereinstimmen. Kreuzen Sie nichts an. Sie sollen sich die Buchstaben auch nicht merken, sondern sie nur so schnell wie möglich finden und dabei laut vorlesen.

Mund	–	Mond	picken	–	packen
Uhr	–	Ohr	Weide	–	Heide
Hand	–	Hund	Katze	–	Tatze
Buch	–	Bach	Wanne	–	Wonne
Pappe	–	Puppe	Tenne	–	Tanne
Kanne	–	Tanne	Wanne	–	Kanne
Sonne	–	Wonne	Hose	–	Hase
Rasen	–	Rosen	Haus	–	Maus
Nelken	–	Welken	Ratte	–	Watte
Wicken	–	Wecken	Kufe	–	Hufe

Kontrolle Übung 13

Wenn Sie die Zeit von 1 Minute 50 Sekunden

an drei aufeinander folgenden Tagen geschafft haben oder sogar noch schneller waren, dann brauchen Sie diese **Übung 13** nicht mehr zu wiederholen.

Bitte tragen Sie hier jedes Mal Ihre Zeit ein.

Versuche	Zeit	Versuche	Zeit
1. Versuch:	______________	9. Versuch:	______________
2. Versuch:	______________	10. Versuch:	______________
3. Versuch:	______________	11. Versuch:	______________
4. Versuch:	______________	12. Versuch:	______________
5. Versuch:	______________	13. Versuch:	______________
6. Versuch:	______________	14. Versuch:	______________
7. Versuch:	______________	15. Versuch:	______________
8. Versuch:	______________		

Bitte ankreuzen: Übung 13 erledigt (an drei aufeinander folgenden Tagen geschafft):

O

Übung 14

Zeit: 1 Minute

Bitte suchen Sie zu jedem der folgenden Buchstaben des Alphabets je ein Wort, das mit dem jeweiligen Buchstaben beginnt.

Also z. B. bei A: „Arbeit„ oder „an“
Bei C: „Cäsar“
Oder bei F: „Freitag“, „freuen„ usw.
Bei Y genügt es, wenn Sie „Ypsilon“ sagen.

A	N
B	O
C	P
D	Q
E	R
F	S
G	T
H	U
I	V
J	W
K	X
L	Y
M	Z

Kontrolle Übung 14

Wenn Sie die Zeit von 1 Minute

an drei aufeinander folgenden Tagen geschafft haben oder sogar noch schneller waren, dann brauchen Sie diese **Übung 14** nicht mehr zu wiederholen.

Bitte tragen Sie hier jedes Mal Ihre Zeit ein.

Versuche	Zeit	Versuche	Zeit
1. Versuch:	______________	9. Versuch:	______________
2. Versuch:	______________	10. Versuch:	______________
3. Versuch:	______________	11. Versuch:	______________
4. Versuch:	______________	12. Versuch:	______________
5. Versuch:	______________	13. Versuch:	______________
6. Versuch:	______________	14. Versuch:	______________
7. Versuch:	______________	15. Versuch:	______________
8. Versuch:	______________		

Bitte ankreuzen: Übung 14 erledigt (an drei aufeinander folgenden Tagen geschafft):

O

Übung 15

Zeit für 10 erklärte und verstandene Begriffe: 5 Minuten

Bitte beschreiben Sie einer zweiten Person zehn Begriffe, und zwar jeden Begriff so lange, bis er oder sie bei jedem Begriff verstanden hat, was Sie meinen.

Dabei dürfen Sie den gesuchten Begriff auf keinen Fall erwähnen. Die Übung ist beendet, wenn Sie zehn Wörter erklärt haben und Ihr Partner Ihnen jedes Mal den gesuchten Begriff nennen konnte. Beginnen Sie mit den zehn Begriffen der linken Kolonne. Beim nächsten Mal nehmen Sie die zehn Begriffe der zweiten Kolonne, dann wieder die der ersten Spalte usw.

Beschreiben Sie diese Begriffe, ohne sie selbst auch nur ein Mal zu erwähnen!

10 Begriffe	10 Begriffe
Auto	Bleistift
Garten	Uhr
Tür	Lampe
Haus	Sofa
Hund	Schuh
Fluss	Nachtisch
Zeitung	Flugzeug
Nachbar	Wald
Wolke	Bild
Geld	Kino

Kontrolle Übung 15

Wenn Sie die Zeit von 5 Minuten

an drei aufeinander folgenden Tagen geschafft haben oder sogar noch schneller waren, dann brauchen Sie diese **Übung 15** nicht mehr zu wiederholen.

Bitte tragen Sie hier jedes Mal Ihre Zeit ein.

Versuche	Zeit	Versuche	Zeit
1. Versuch:	______________	9. Versuch:	______________
2. Versuch:	______________	10. Versuch:	______________
3. Versuch:	______________	11. Versuch:	______________
4. Versuch:	______________	12. Versuch:	______________
5. Versuch:	______________	13. Versuch:	______________
6. Versuch:	______________	14. Versuch:	______________
7. Versuch:	______________	15. Versuch:	______________
8. Versuch:	______________		

Bitte ankreuzen: Übung 15 erledigt (an drei aufeinander folgenden Tagen geschafft):

O

Übung 16

Zeit: 2 Minuten

Finden Sie zehn neue Wörter in dem Wort „Fensterscheibe“, indem Sie Teile herausnehmen oder auch Buchstaben beliebig umstellen.

Beispiel: Wenn Sie aus dem Wort **„Serviette“** neue Wörter bilden wollen, dann könnten Sie finden: „er“, „sie“, „vier“, „Tee“ usw.

Schreiben Sie nichts auf. Finden Sie die neuen Wörter nur im Kopf.

Kontrolle Übung 16

Wenn Sie die Zeit von 2 Minuten

an drei aufeinander folgenden Tagen geschafft haben oder sogar noch schneller waren, dann brauchen Sie diese **Übung 16** nicht mehr zu wiederholen.

Bitte tragen Sie hier jedes Mal Ihre Zeit ein.

Versuche	Zeit	Versuche	Zeit
1. Versuch:	______________	9. Versuch:	______________
2. Versuch:	______________	10. Versuch:	______________
3. Versuch:	______________	11. Versuch:	______________
4. Versuch:	______________	12. Versuch:	______________
5. Versuch:	______________	13. Versuch:	______________
6. Versuch:	______________	14. Versuch:	______________
7. Versuch:	______________	15. Versuch:	______________
8. Versuch:	______________		

Bitte ankreuzen: Übung 16 erledigt (an drei aufeinander folgenden Tagen geschafft):

O

5

Kopfrechnen

- Wie gut kann ich beim Einkaufen Preise vergleichen?
- Wie gut behalte ich den Überblick bei der Kontrolle des zurückgegebenen Wechselgeldes?
- Wie gut kann ich meinen Wochenbedarf überblicken und entsprechend Geld von der Bank abholen?
- Wie gut kann ich Zeit, z. B. für das Einkaufen oder für den Arztbesuch, einplanen, ohne dass ich in Zeitnot komme?

Solche und ähnliche Fähigkeiten trainieren Sie mit diesen Übungen in vergleichbarer und ein wenig abgewandelter Form.

Übung 17

Zeit: 1 Minute, 10 Sekunden

Welche Zahl ist immer um genau 10 größer als die direkt vorherige?

Beispiel: 28, 16, 36, 15, 25, 14, 34 usw. Die Zahl 25 ist um 10 größer als die vorherige Zahl 15.

Bitte kreuzen Sie nichts an, sondern finden Sie die entsprechenden Zahlen im Kopf oder sprechen Sie sie laut aus. Es sind insgesamt 15 Zahlen, die um 10 größer sind als die jeweils vorherige.

17, 26, 38, 48, 12, 94, 82, 92, 23, 33

6, 12, 22, 54, 67, 77, 93, 52, 62, 81

7, 17, 78, 43, 53, 81, 91, 30, 89, 27

34, 47, 57, 25, 35, 99, 87, 97, 21, 67

3, 26, 36, 77, 86, 96, 24, 87, 97, 75

Kontrolle Übung 17

Wenn Sie die Zeit von 1 Minute 10 Sekunden

an drei aufeinander folgenden Tagen geschafft haben oder sogar noch schneller waren, dann brauchen Sie diese **Übung 17** nicht mehr zu wiederholen.

Bitte tragen Sie hier jedes Mal Ihre Zeit ein.

Versuche	Zeit	Versuche	Zeit
1. Versuch:	______________	9. Versuch:	______________
2. Versuch:	______________	10. Versuch:	______________
3. Versuch:	______________	11. Versuch:	______________
4. Versuch:	______________	12. Versuch:	______________
5. Versuch:	______________	13. Versuch:	______________
6. Versuch:	______________	14. Versuch:	______________
7. Versuch:	______________	15. Versuch:	______________
8. Versuch:	______________		

Bitte ankreuzen: Übung 17 erledigt (an drei aufeinander folgenden Tagen geschafft):

O

Übung 18

Zeit: 2 Minuten

Da hat doch jemand etwas ausgerechnet, aber wie? Die Zeichen zwischen den Zahlen fehlen!

Hat er zusammengezählt, abgezogen, malgenommen oder geteilt? Finden Sie heraus, welche Zeichen fehlen. Schreiben Sie aber nichts auf die Seite, sondern finden Sie die Lösung nur im Kopf.

Beispiele:

1 1 = 2	Hier fehlt das +, denn	1 + 1 = 2
3 1 = 2	Hier fehlt das –, denn	3 – 1 = 2
3 2 = 6	Hier fehlt das ·, denn	3 · 2 = 6
6 3 = 2	Hier fehlt das :, denn	6 : 3 = 2

2 1 = 3	**3 3 = 9**
2 3 = 5	**6 2 = 3**
4 3 = 1	**5 6 = 11**
2 1 = 1	**9 3 = 3**
2 3 = 6	**9 3 = 6**
1 3 = 3	**2 4 = 6**
4 1 = 4	**2 4 = 8**
2 2 = 1	

Kontrolle Übung 18

Wenn Sie die Zeit von 2 Minuten

an drei aufeinander folgenden Tagen geschafft haben oder sogar noch schneller waren, dann brauchen Sie diese **Übung 18** nicht mehr zu wiederholen.

Bitte tragen Sie hier jedes Mal Ihre Zeit ein.

Versuche	Zeit	Versuche	Zeit
1. Versuch:	______	9. Versuch:	______
2. Versuch:	______	10. Versuch:	______
3. Versuch:	______	11. Versuch:	______
4. Versuch:	______	12. Versuch:	______
5. Versuch:	______	13. Versuch:	______
6. Versuch:	______	14. Versuch:	______
7. Versuch:	______	15. Versuch:	______
8. Versuch:	______		

Bitte ankreuzen: Übung 18 erledigt (an drei aufeinander folgenden Tagen geschafft):

O

Übung 19

Zeit: 1 Minute 10 Sekunden

Bitte rechnen Sie um: 1 kg = 1.000 g

Wie vielen Gramm entsprechen dann die folgenden Kiloangaben?

Bitte rechnen Sie laut oder im Kopf (nicht schriftlich) und so schnell wie möglich. Finden Sie einen möglichst einfachen Rechenschritt.

Tipp: Das Komma wegstreichen und eine bestimmte Anzahl Nullen dranhängen!

Beispiel:
1,5 kg = 1.500 g

Wie geht es weiter?

2,5 kg =

3,5 kg =

4,5 kg =

5,5 kg =

6,5 kg =

7,5 kg =

8,5 kg =

9,5 kg =

11,5 kg =

12,5 kg =

13,5 kg =

14,5 kg =

15,5 kg =

16,5 kg =

17,5 kg =

18,5 kg =

19,5 kg =

20,5 kg =

Kontrolle Übung 19

Wenn Sie die Zeit von 1 Minute 10 Sekunden

an drei aufeinander folgenden Tagen geschafft haben oder sogar noch schneller waren, dann brauchen Sie diese **Übung 19** nicht mehr zu wiederholen.

Bitte tragen Sie hier jedes Mal Ihre Zeit ein.

Versuche	Zeit	Versuche	Zeit
1. Versuch:	______________	9. Versuch:	______________
2. Versuch:	______________	10. Versuch:	______________
3. Versuch:	______________	11. Versuch:	______________
4. Versuch:	______________	12. Versuch:	______________
5. Versuch:	______________	13. Versuch:	______________
6. Versuch:	______________	14. Versuch:	______________
7. Versuch:	______________	15. Versuch:	______________
8. Versuch:	______________		

Bitte ankreuzen: Übung 19 erledigt (an drei aufeinander folgenden Tagen geschafft):

O

Übung 20

Zeit: 4 Minuten

Bitte zählen Sie laut oder im Kopf (nicht schriftlich) von 1 bis 99, und zwar vorwärts und rückwärts gleichzeitig.

Beispiel:
1, 99
2, 98
3, 97
4, 96 usw.

Die Summe der jeweils zwei Zahlen muss immer 100 ergeben.

Die Übung ist beendet, wenn Sie bei „50, 50" angelangt sind.

Kontrolle Übung 20

Wenn Sie die Zeit von 4 Minuten

an drei aufeinander folgenden Tagen geschafft haben oder sogar noch schneller waren, dann brauchen Sie diese **Übung 20** nicht mehr zu wiederholen.

Bitte tragen Sie hier jedes Mal Ihre Zeit ein.

Versuche	Zeit	Versuche	Zeit
1. Versuch:	______________	9. Versuch:	______________
2. Versuch:	______________	10. Versuch:	______________
3. Versuch:	______________	11. Versuch:	______________
4. Versuch:	______________	12. Versuch:	______________
5. Versuch:	______________	13. Versuch:	______________
6. Versuch:	______________	14. Versuch:	______________
7. Versuch:	______________	15. Versuch:	______________
8. Versuch:	______________		

Bitte ankreuzen: Übung 20 erledigt (an drei aufeinander folgenden Tagen geschafft):

O

Lösungen für die Stufe ROT

(Für manche Übungen brauchen keine Lösungen angegeben werden.)

Übung 1
1 = C ; 2 = A; 3 = B

Übung 2
1 = C; 2 = A; 3 = F; 4 = E; 5 = D; 6 = B

Übung 3
70 Tassen

Übung 4
Das sind die kürzesten Wege:

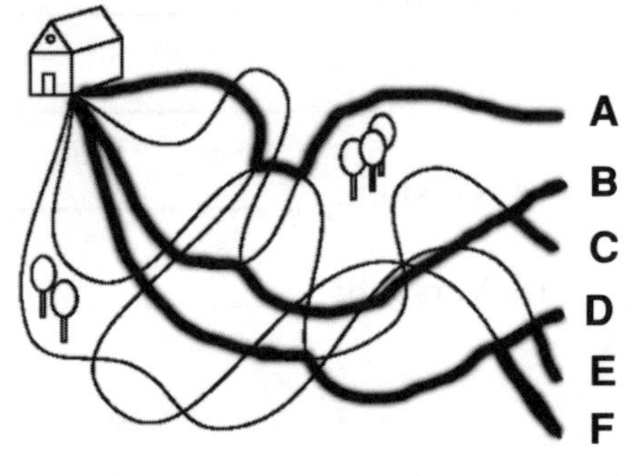

Übung 5
Linie 1 A = 2; B = 2; C = 2
Linie 2 A = 1; B = 4; C = 1
Linie 3 A = 2; B = 2; C = 2

Übung 9
Apfel, Sonne, Mücke, Mann, Hund

Übung 10
Fahr **r** ad, A **n** tenne, S **e** e, Di **c** hter, Bu **c** h, Sch **n** itte, Minut **e** n, A **r** beit,

Kale **n** der, Fi **r** ma, E **n** tspannung, Z **e** it, Sch **r** ift, Na **c** hat, Re **c** hnung, G **e** hirn, Hu **n** d, Te **c** hnik, Me **n** sch, Haa **r** e

Übung 11
Die Maus isst Käse.
Der Mann schwimmt im Meer.
Das Telefon klingelt laut.
Der Ball hüpft über die Straße.
Wenn die Sonne scheint, ist es heiß.
Die Hose ist aus Leder.
Das Meer ist blau und groß.
Heute gehen wir spazieren.
Weil es regnet, bleiben wir daheim.
In der Schule lernen die Kinder viele Dinge.

Übung 12
(als Beispiel beginnend mit „Auto")
Auto – Onkel – Lutscher – Rose – Elefant – Trab – Bank – Kakadu – Unschuld – Dogma

Übung 16
Fenster, Scheibe, Er, Ei, Eibe, Schreiben, Erste, Reibe, Bein, Biene, Eine, Stein, Stern, Streifen usw.

Übung 17

17, 26, 38, 48, 12, 94, 82, 92, 23, 33

6, 12, 22, 54, 67, 77, 93, 52, 62, 81

7, 17, 78, 43, 53, 81, 91, 30, 89, 27

34, 47, 57, 25, 35, 99, 87, 98, 21, 67

3, 26, 36, 77, 86, 96, 24, 87, 97, 75

Gelbe Stufe

1

Räumliche Orientierung

- Wie war noch mal das Schnittmuster zusammengesetzt?
- Durch welche Straße kam ich auf dem Hinweg (jetzt sehe ich sie auf dem Rückweg aus einer anderen Perspektive)?
- An welchen Verkaufsständen muss ich vorbei, um in diesem Kaufhaus wieder zum Ausgang zu gelangen?

Solche und ähnliche Fähigkeiten trainieren Sie mit diesen Übungen in vergleichbarer und ein wenig abgewandelter Form.

Für Cracks
Wenn Ihnen die gelbe Stufe (die mittlere) zu einfach erscheint, dann wechseln Sie bitte direkt über zur grünen Stufe (der schwersten).

Übung 1

Zeit: 15 Sekunden

Wie viele Bs befinden sich in diesem Kasten?

Zählen Sie bitte so schnell wie möglich durch. Bitte nur die Augen benutzen, nichts ankreuzen!

z	a	d	b	p	q
b	d	p	g	h	b
d	i	d	b	d	p
p	p	b	p	s	d
b	v	p	h	p	k
b	d	b	b	b	d

Kontrolle Übung 1

Wenn Sie die Zeit von 15 Sekunden

an drei aufeinander folgenden Tagen geschafft haben oder sogar noch schneller waren, dann brauchen Sie diese **Übung 1** nicht mehr zu wiederholen.

Bitte tragen Sie hier jedes Mal Ihre Zeit ein.

Versuche	Zeit	Versuche	Zeit
1. Versuch:	______________	9. Versuch:	______________
2. Versuch:	______________	10. Versuch:	______________
3. Versuch:	______________	11. Versuch:	______________
4. Versuch:	______________	12. Versuch:	______________
5. Versuch:	______________	13. Versuch:	______________
6. Versuch:	______________	14. Versuch:	______________
7. Versuch:	______________	15. Versuch:	______________
8. Versuch:	______________		

Bitte ankreuzen: Übung 1 erledigt (an drei aufeinander folgenden Tagen geschafft):

O

Übung 2

Zeit pro Linie nach dem Anschauen: 1 Minute

Bitte zeichnen Sie jeweils eine der folgenden Linien **aus dem Gedächtnis** auf ein Blatt Papier. Vorher dürfen Sie sich die jeweilige Linie 30 Sekunden lang anschauen.

Vergleichen Sie die Linien anschließend im Hinblick auf ihre Übereinstimmung. Es kommt nicht darauf an, dass sie besonders schön gezeichnet sind, und sie können auch ein wenig kürzer oder länger gelungen sein.

1.
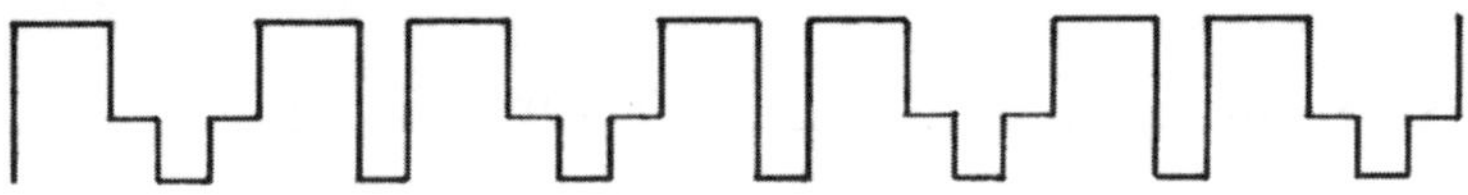

2.
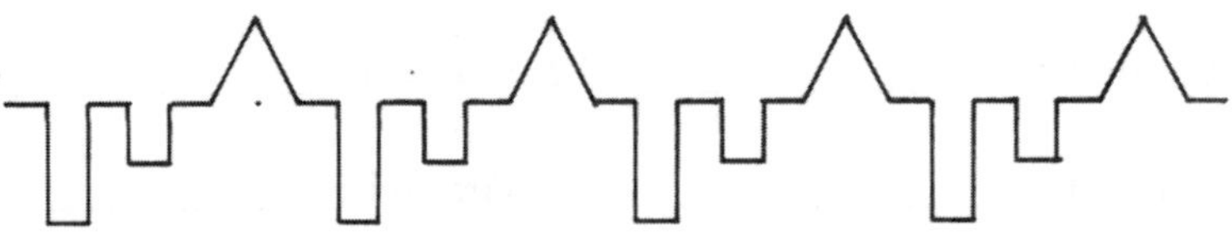

3.
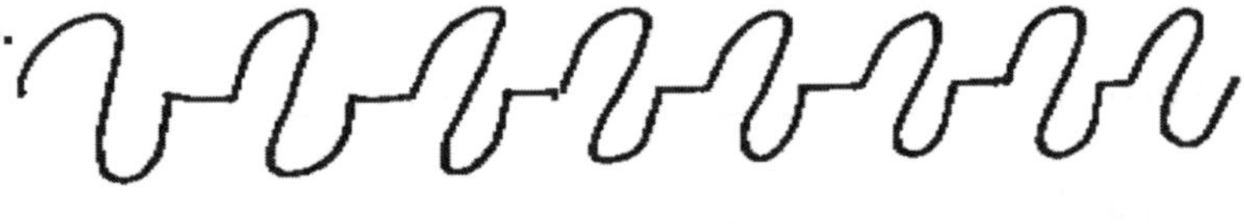

4.

5.
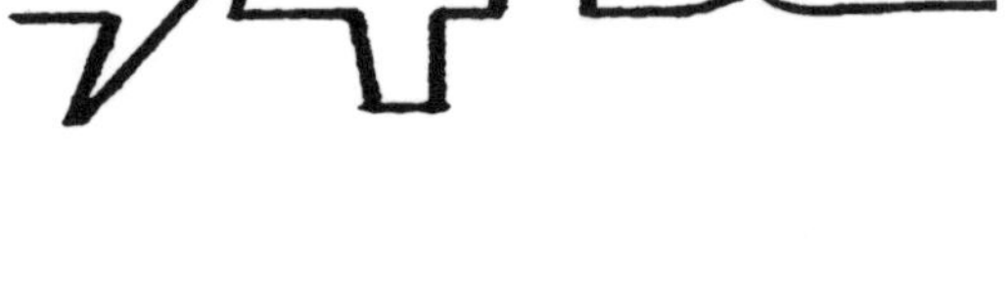

Kontrolle Übung 2

Wenn Sie die Zeit von 1 Minute

an drei aufeinander folgenden Tagen geschafft haben oder sogar noch schneller waren, dann brauchen Sie diese **Übung 2** nicht mehr zu wiederholen.

Bitte tragen Sie hier jedes Mal Ihre Zeit ein.

Versuche	Zeit	Versuche	Zeit
1. Versuch:	______________	9. Versuch:	______________
2. Versuch:	______________	10. Versuch:	______________
3. Versuch:	______________	11. Versuch:	______________
4. Versuch:	______________	12. Versuch:	______________
5. Versuch:	______________	13. Versuch:	______________
6. Versuch:	______________	14. Versuch:	______________
7. Versuch:	______________	15. Versuch:	______________
8. Versuch:	______________		

Bitte ankreuzen: Übung 2 erledigt (an drei aufeinander folgenden Tagen geschafft):

O

Übung 3

Zeit: 1 Minute 30 Sekunden

Welche Punkte in Kasten 1 haben die exakt selbe Lage wie in Kasten 2? Es sind 15 Stück. Bitte finden Sie sie, kreuzen Sie aber nichts an!

Die Lage der Punkte muss jeweils deckungsgleich sein, würde man beide Kästen übereinander legen. Jeder Kasten hat insgesamt 30 Punkte.

Kasten 1

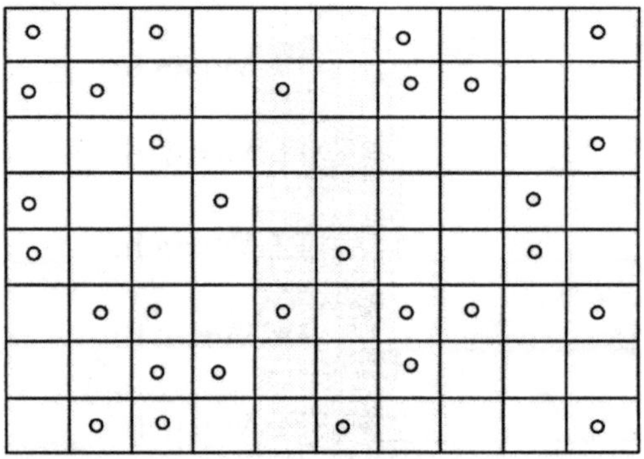

Kasten 2

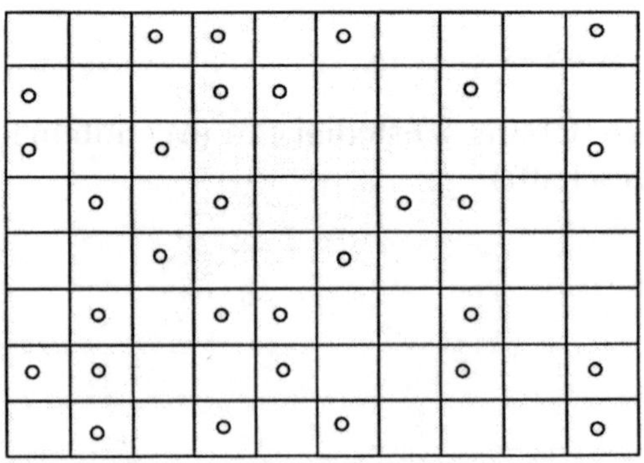

Kontrolle Übung 3

Wenn Sie die Zeit von 1 Minute 30 Sekunden

an drei aufeinander folgenden Tagen geschafft haben oder sogar noch schneller waren, dann brauchen Sie diese **Übung 3** nicht mehr zu wiederholen.

Bitte tragen Sie hier jedes Mal Ihre Zeit ein.

Versuche	Zeit	Versuche	Zeit
1. Versuch:	______________	9. Versuch:	______________
2. Versuch:	______________	10. Versuch:	______________
3. Versuch:	______________	11. Versuch:	______________
4. Versuch:	______________	12. Versuch:	______________
5. Versuch:	______________	13. Versuch:	______________
6. Versuch:	______________	14. Versuch:	______________
7. Versuch:	______________	15. Versuch:	______________
8. Versuch:	______________		

Bitte ankreuzen: Übung 3 erledigt (an drei aufeinander folgenden Tagen geschafft):

O

Übung 4

Zeit: 1 Minute 50 Sekunden

Sie starten bei A, B oder C und wollen nach X, Y oder Z. Suchen Sie den kürzesten Weg.

Achtung: Bei Einbahnstraßen dürfen Sie nur in Richtung des Pfeils gehen. Kommen Sie nicht auf den falschen Weg!

Es gibt von A nach X, von A nach Y, von A nach Z bzw. von B nach X, von B nach Y usw. immer nur einen kürzesten Weg, also insgesamt neun kürzeste Wege. Bitte versuchen Sie alle neun Wege innerhalb der oben angegebenen Zeit zu finden!

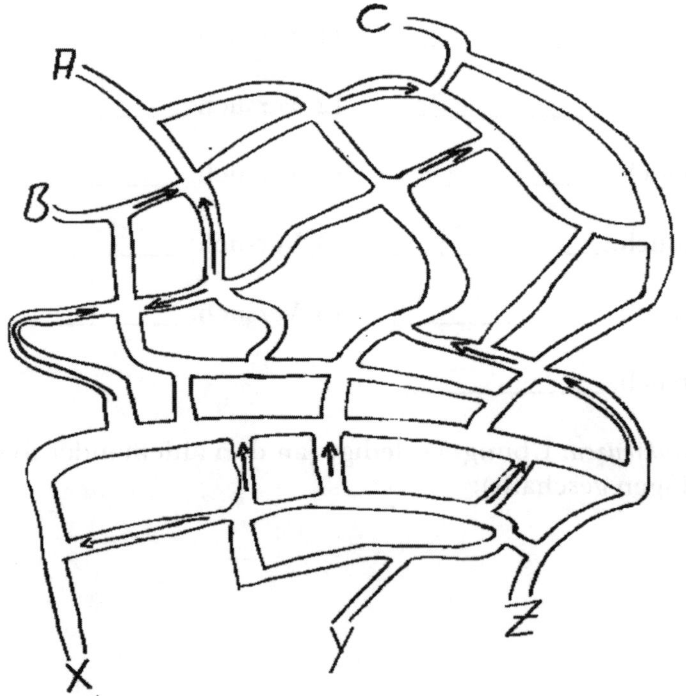

Kontrolle Übung 4

Wenn Sie die Zeit von 1 Minute 50 Sekunden

an drei aufeinander folgenden Tagen geschafft haben oder sogar noch schneller waren, dann brauchen Sie diese **Übung 4** nicht mehr zu wiederholen.

Bitte tragen Sie hier jedes Mal Ihre Zeit ein.

Versuche	Zeit	Versuche	Zeit
1. Versuch:	______________	9. Versuch:	______________
2. Versuch:	______________	10. Versuch:	______________
3. Versuch:	______________	11. Versuch:	______________
4. Versuch:	______________	12. Versuch:	______________
5. Versuch:	______________	13. Versuch:	______________
6. Versuch:	______________	14. Versuch:	______________
7. Versuch:	______________	15. Versuch:	______________
8. Versuch:	______________		

Bitte ankreuzen: Übung 4 erledigt (an drei aufeinander folgenden Tagen geschafft):

O

2

Alltagsentscheidungen

- Nehme ich den Bus oder die Straßenbahn, um nach Hause zu kommen?
- Ist das Pfund roter Äpfel beim Obsthändler günstiger als die sechs gelben Äpfel?
- Was muss ich noch einkaufen, was fehlt mir für den Besuch meiner Familie am nächsten Tag, welche Entscheidung ist richtig?

Solche und ähnliche Fähigkeiten trainieren Sie mit diesen Übungen in vergleichbarer und ein wenig abgewandelter Form.

Übung 5

Zeit: 1 Minute 40 Sekunden

Die folgenden Buchstabenketten sind Bruchstücke aus dem Alphabet. In jeder Kette stehen die Buchstaben in der richtigen alphabetischen Reihenfolge. Allerdings gehört **jeweils ein Buchstabe** nicht in die Kette.

Bitte suchen Sie den jeweiligen Buchstaben.

1. D E F G H X J K
2. M B C D E F G H
3. L M N F P Q R S
4. Q R S T A V W X
5. F G Z I J K L M
6. N O P T R S T U
7. C D A F G H I J
8. S T I V W X Y Z
9. I J K L M N O W
10. P Q R M T U V W

Kontrolle Übung 5

Wenn Sie die Zeit von 1 Minute 40 Sekunden

an drei aufeinander folgenden Tagen geschafft haben oder sogar noch schneller waren, dann brauchen Sie diese **Übung 5** nicht mehr zu wiederholen.

Bitte tragen Sie hier jedes Mal Ihre Zeit ein.

Versuche	Zeit	Versuche	Zeit
1. Versuch:	______________	9. Versuch:	______________
2. Versuch:	______________	10. Versuch:	______________
3. Versuch:	______________	11. Versuch:	______________
4. Versuch:	______________	12. Versuch:	______________
5. Versuch:	______________	13. Versuch:	______________
6. Versuch:	______________	14. Versuch:	______________
7. Versuch:	______________	15. Versuch:	______________
8. Versuch:	______________		

Bitte ankreuzen: Übung 5 erledigt (an drei aufeinander folgenden Tagen geschafft):

O

Übung 6

Zeit: 1 Minute 20 Sekunden

Welches Teil (A, B, C, D, E, F) passt wie oft in sämtliche Lücken? Fällen Sie so schnell wie möglich die Entscheidung für die drei Linien 1, 2 und 3.

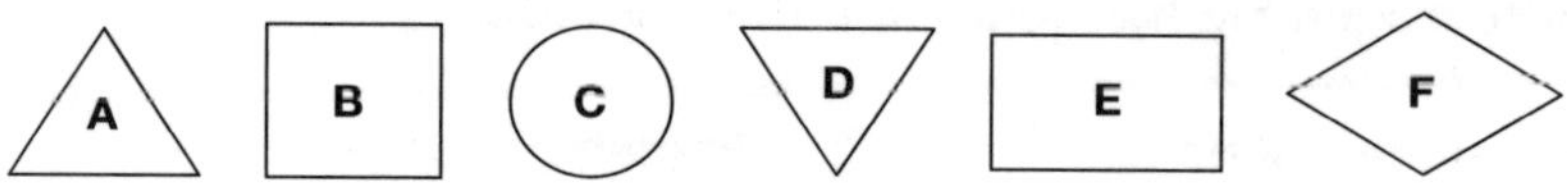

1. 

2. 

3. 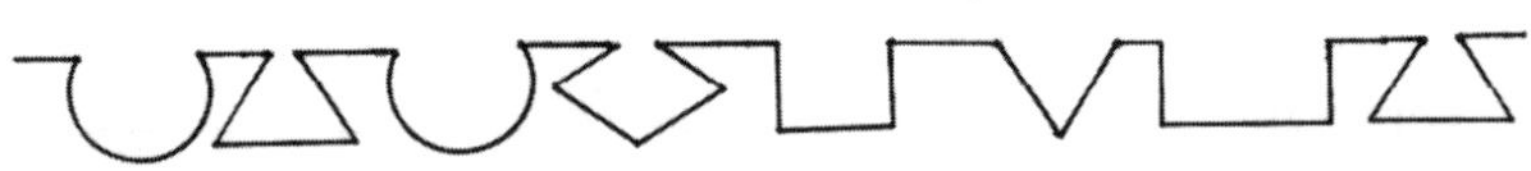

Kontrolle Übung 6

Wenn Sie die Zeit von 1 Minute 20 Sekunden

an drei aufeinander folgenden Tagen geschafft haben oder sogar noch schneller waren, dann brauchen Sie diese **Übung 6** nicht mehr zu wiederholen.

Bitte tragen Sie hier jedes Mal Ihre Zeit ein.

Versuche	Zeit	Versuche	Zeit
1. Versuch:	______________	9. Versuch:	______________
2. Versuch:	______________	10. Versuch:	______________
3. Versuch:	______________	11. Versuch:	______________
4. Versuch:	______________	12. Versuch:	______________
5. Versuch:	______________	13. Versuch:	______________
6. Versuch:	______________	14. Versuch:	______________
7. Versuch:	______________	15. Versuch:	______________
8. Versuch:	______________		

Bitte ankreuzen: Übung 6 erledigt (an drei aufeinander folgenden Tagen geschafft):

O

Übung 7

Zeit: 3 Minuten 15 Sekunden

Finden Sie die Zahlen von 1 bis 36 in aufsteigender Reihenfolge. Die Buchstaben lassen Sie aus.

1	13	a	20	7	c	o	32	i
e	28	3	b	z	11	27	s	9
30	u	16	k	25	p	10	19	w
33	4	z	e	21	5	d	g	l
14	6	t	q	29	12	8	15	31
34	x	a	18	22	r	b	e	35
17	23	36	n	24	2	f	m	26

Kontrolle Übung 7

Wenn Sie die Zeit von 3 Minuten 15 Sekunden

an drei aufeinander folgenden Tagen geschafft haben oder sogar noch schneller waren, dann brauchen Sie diese **Übung 7** nicht mehr zu wiederholen.

Bitte tragen Sie hier jedes Mal Ihre Zeit ein.

Versuche	Zeit	Versuche	Zeit
1. Versuch:	______________	9. Versuch:	______________
2. Versuch:	______________	10. Versuch:	______________
3. Versuch:	______________	11. Versuch:	______________
4. Versuch:	______________	12. Versuch:	______________
5. Versuch:	______________	13. Versuch:	______________
6. Versuch:	______________	14. Versuch:	______________
7. Versuch:	______________	15. Versuch:	______________
8. Versuch:	______________		

Bitte ankreuzen: Übung 7 erledigt (an drei aufeinander folgenden Tagen geschafft):

O

Übung 8

Zeit: 1 Minute 30 Sekunden

Die folgenden sechs Symbole sind durch eine schwarze Scheibe zum Teil verdeckt.

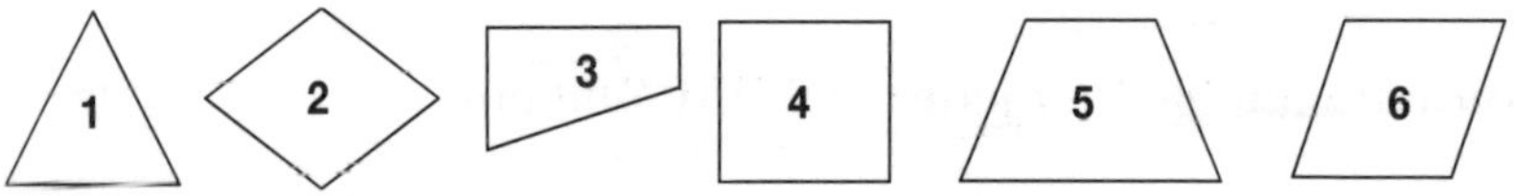

Finden Sie dennoch heraus, welches Symbol an welche Stelle passt.

Kontrolle Übung 8

Wenn Sie die Zeit von 1 Minute 30 Sekunden

an drei aufeinander folgenden Tagen geschafft haben oder sogar noch schneller waren, dann brauchen Sie diese **Übung 8** nicht mehr zu wiederholen.

Bitte tragen Sie hier jedes Mal Ihre Zeit ein.

Versuche	Zeit	Versuche	Zeit
1. Versuch:	______________	9. Versuch:	______________
2. Versuch:	______________	10. Versuch:	______________
3. Versuch:	______________	11. Versuch:	______________
4. Versuch:	______________	12. Versuch:	______________
5. Versuch:	______________	13. Versuch:	______________
6. Versuch:	______________	14. Versuch:	______________
7. Versuch:	______________	15. Versuch:	______________
8. Versuch:	______________		

Bitte ankreuzen: Übung 8 erledigt (an drei aufeinander folgenden Tagen geschafft):

O

3

Sprachverständnis

- Kann ich dem Sinn von Gesprächen folgen, wenn ich in Gesellschaft bin?
- Verstehe ich die Zusammenhänge der Nachrichten in einer Zeitung gut?
- Verstehe ich den Sinn der Sätze in einem Buch, auch wenn sie etwas länger sind?

Solche und ähnliche Fähigkeiten trainieren Sie mit diesen Übungen in vergleichbarer und ein wenig abgewandelter Form.

Übung 9

Zeit: 1 Minute 40 Sekunden

Bitte finden Sie die Zahlen in dem unten stehenden Kasten in der Reihenfolge eins, zwei, drei usw. bis zwanzig und sofort wieder rückwärts in der Reihenfolge zwanzig, neunzehn, achtzehn usw. bis eins. Dann ist die Übung geschafft.

Bitte finden Sie die Zahlen nur mit den Augen, kreuzen Sie *nichts* an.

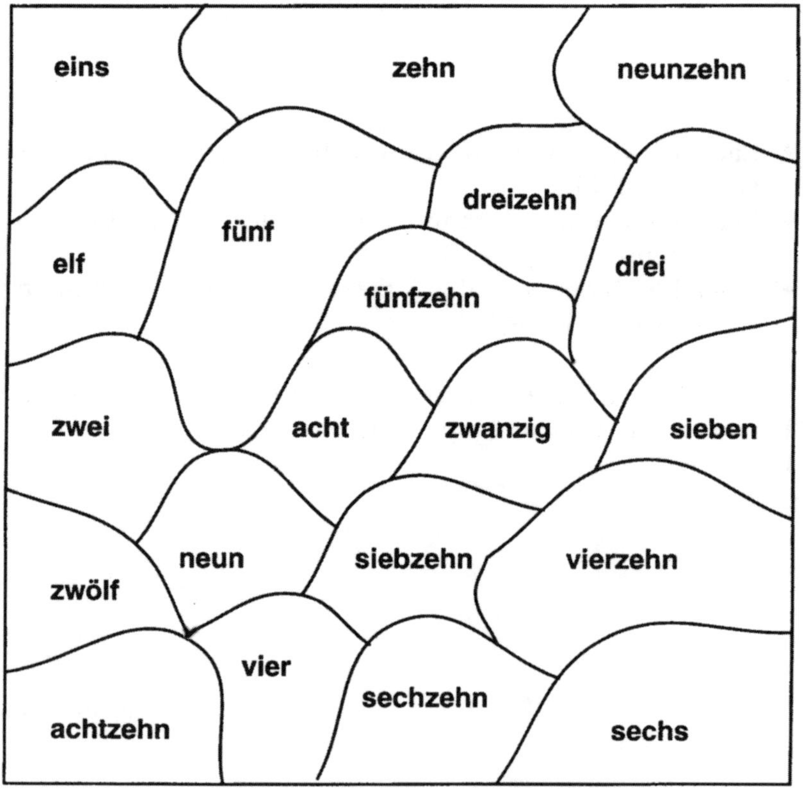

Kontrolle Übung 9

Wenn Sie die Zeit von 1 Minute 40 Sekunden

an drei aufeinander folgenden Tagen geschafft haben oder sogar noch schneller waren, dann brauchen Sie diese **Übung 9** nicht mehr zu wiederholen.

Bitte tragen Sie hier jedes Mal Ihre Zeit ein.

Versuche	Zeit	Versuche	Zeit
1. Versuch:	________________	9. Versuch:	________________
2. Versuch:	________________	10. Versuch:	________________
3. Versuch:	________________	11. Versuch:	________________
4. Versuch:	________________	12. Versuch:	________________
5. Versuch:	________________	13. Versuch:	________________
6. Versuch:	________________	14. Versuch:	________________
7. Versuch:	________________	15. Versuch:	________________
8. Versuch:	________________		

Bitte ankreuzen: Übung 9 erledigt (an drei aufeinander folgenden Tagen geschafft):

O

Übung 10

Zeit: 2 Minuten 30 Sekunden

In der folgenden Übung sehen Sie 30 Wörter. Davon sind fünf Wörter zweimal aufgeführt.

Welche sind es? Bitte suchen Sie sie, ohne etwas anzukreuzen oder zu notieren.

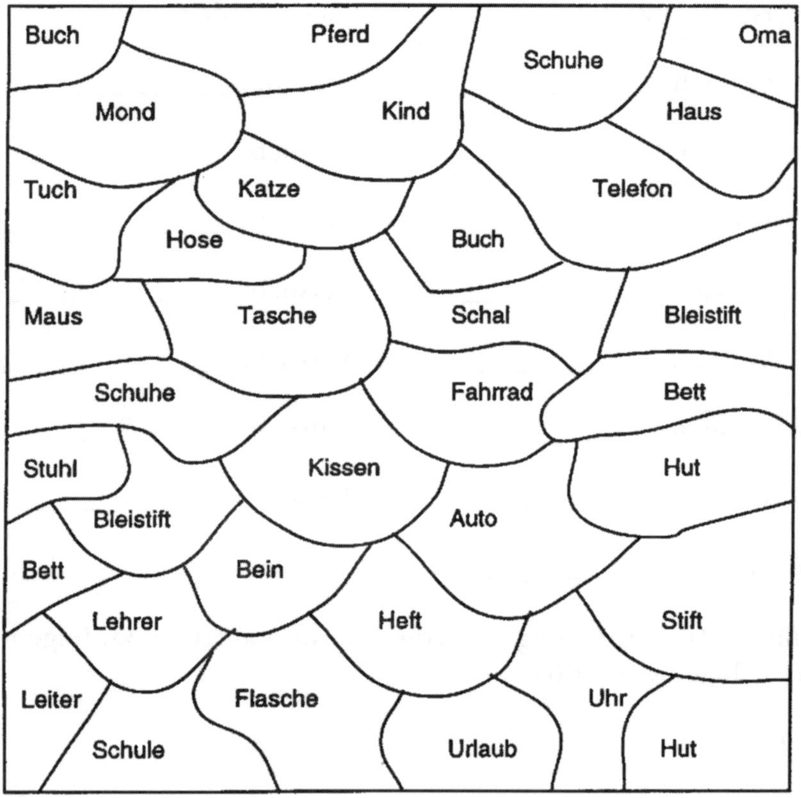

Kontrolle Übung 10

Wenn Sie die Zeit von 2 Minuten 30 Sekunden

an drei aufeinander folgenden Tagen geschafft haben oder sogar noch schneller waren, dann brauchen Sie diese **Übung 10** nicht mehr zu wiederholen.

Bitte tragen Sie hier jedes Mal Ihre Zeit ein.

Versuche	Zeit	Versuche	Zeit
1. Versuch:	______________	9. Versuch:	______________
2. Versuch:	______________	10. Versuch:	______________
3. Versuch:	______________	11. Versuch:	______________
4. Versuch:	______________	12. Versuch:	______________
5. Versuch:	______________	13. Versuch:	______________
6. Versuch:	______________	14. Versuch:	______________
7. Versuch:	______________	15. Versuch:	______________
8. Versuch:	______________		

Bitte ankreuzen: Übung 10 erledigt (an drei aufeinander folgenden Tagen geschafft):

O

Übung 11

Zeit: 2 Minuten

Hoppla, da hat sich doch vor und hinter jedes Wort ein überflüssiger Buchstabe gesetzt.

Lesen und verstehen Sie die Sätze dennoch so schnell wie möglich.

Michm rfahref kgerner dmite edeme Hzuga.
Lheuten kleser miche deinp pinteressantese Mbuchi.
Hgesterne khatten diche Lgeburtstaga.
Iwire kfahrens smorgens fine Vurlauba.
Iwire shabens keine Igroßese Khause.
Michn lesser wsehre tgernen Rschokoladen.
Swire sgehens theuten rabende einse Rkinof.
Dime Ksommers sfahren miche sgernen kmite rdemo Bfahrrade.
Mdase Rhause kaufe bdere trechtens Bseiten dhate meine brotese Fdache.
Michl khaben keines rwunderschönes hweißen Kblusen.

Kontrolle Übung 11

Wenn Sie die Zeit von 2 Minuten

an drei aufeinander folgenden Tagen geschafft haben oder sogar noch schneller waren, dann brauchen Sie diese **Übung 11** nicht mehr zu wiederholen.

Bitte tragen Sie hier jedes Mal Ihre Zeit ein.

Versuche	Zeit	Versuche	Zeit
1. Versuch:	______________	9. Versuch:	______________
2. Versuch:	______________	10. Versuch:	______________
3. Versuch:	______________	11. Versuch:	______________
4. Versuch:	______________	12. Versuch:	______________
5. Versuch:	______________	13. Versuch:	______________
6. Versuch:	______________	14. Versuch:	______________
7. Versuch:	______________	15. Versuch:	______________
8. Versuch:	______________		

Bitte ankreuzen: Übung 11 erledigt (an drei aufeinander folgenden Tagen geschafft):

O

Übung 12

Zeit: 3 Minuten 40 Sekunden

Hier sind zwei Texte durcheinander geraten. Trotzdem sollen Sie beide Texte entziffern. Den einen Text lesen Sie so, dass Sie das erste Wort lesen, dann das dritte, das fünfte usw., also immer ein Wort überspringen.

Den zweiten Text lesen Sie, indem Sie das zweite Wort lesen, dann das vierte, das sechste usw., also wieder jedes Mal ein Wort überspringen. Die Zeit gilt insgesamt für das laute Lesen beider Texte.

Wichtig: Benutzen Sie *nicht* den Finger als Hilfe!

Ein Ich Mann bin geht gestern spazieren. ins Als Kino er gegangen. an Dort einem habe Teich ich vorbeikommt, einen sieht neuen er Film plötzlich gesehen. einen Es schönen war Schwan. ein Er Film, nimmt der ein in Stück Kalifornien Brot gedreht und wurde füttert und den gestern Schwan. zum Das erste Mal Brot vorgeführt schmeckt wurde. dem Die Schwan Kritiken so waren gut, hervorragend, dass so er dass am der Ufer Film bleibt noch und zwei nach Monate mehr laufen verlangt. wird. Aber Ich der könnte Mann mir hat denken, keine dass Zeit der mehr Regisseur und einen geht Oskar nach bekommt. Hause.

Kontrolle Übung 12

Wenn Sie die Zeit von 3 Minuten 40 Sekunden

an drei aufeinander folgenden Tagen geschafft haben oder sogar noch schneller waren, dann brauchen Sie diese **Übung 12** nicht mehr zu wiederholen.

Bitte tragen Sie hier jedes Mal Ihre Zeit ein.

Versuche	Zeit	Versuche	Zeit
1. Versuch:	____________	9. Versuch:	____________
2. Versuch:	____________	10. Versuch:	____________
3. Versuch:	____________	11. Versuch:	____________
4. Versuch:	____________	12. Versuch:	____________
5. Versuch:	____________	13. Versuch:	____________
6. Versuch:	____________	14. Versuch:	____________
7. Versuch:	____________	15. Versuch:	____________
8. Versuch:	____________		

Bitte ankreuzen: Übung 12 erledigt (an drei aufeinander folgenden Tagen geschafft):

O

4

Wortschatz

- Wie gut kann ich mich an einem Gespräch beteiligen?
- Wie gut kann ich argumentieren, wenn ich in Gesellschaft bin?
- Wie gut schaffe ich es, meine Meinung darzustellen, sodass sie für andere interessant ist?
- Wie konzentriert kann ich sprechen, also ohne Sätze zu verstümmeln?

Solche und ähnliche Fähigkeiten trainieren Sie mit diesen Übungen in vergleichbarer und ein wenig abgewandelter Form.

Übung 13

Zeit: 2 Minuten 10 Sekunden

Wie müssen die Sätze komplett heißen?

Bitte vervollständigen Sie sie im Kopf während des Lesens. Es passt immer eines der folgenden Wörter: frieren, sprießen, trinken, spazieren gehen, weinen, essen, kalt, Himmel, flüchten, überall.

1. Wenn ich hungrig bin, dann .... ich.
2. Es ist kalt draußen, darum .... ich.
3. Nur im Frühling .... die Blumen.
4. Habe ich einmal Kummer, dann .... ich.
5. Wenn ich ...., dann ziehe ich feste Schuhe an.
6. Bei dunklen Wolken am .... kann es regnen.
7. Im Winter werden die Nächte sehr ....
8. Bei Hochwasser .... die Menschen und die Tiere.
9. Wenn ich Durst habe, ... ich.
10. Feste feiert man .... auf der Welt.

Kontrolle Übung 13

Wenn Sie die Zeit von 2 Minuten 10 Sekunden

an drei aufeinander folgenden Tagen geschafft haben oder sogar noch schneller waren, dann brauchen Sie diese **Übung 13** nicht mehr zu wiederholen.

Bitte tragen Sie hier jedes Mal Ihre Zeit ein.

Versuche	Zeit	Versuche	Zeit
1. Versuch:	______________	9. Versuch:	______________
2. Versuch:	______________	10. Versuch:	______________
3. Versuch:	______________	11. Versuch:	______________
4. Versuch:	______________	12. Versuch:	______________
5. Versuch:	______________	13. Versuch:	______________
6. Versuch:	______________	14. Versuch:	______________
7. Versuch:	______________	15. Versuch:	______________
8. Versuch:	______________		

Bitte ankreuzen: Übung 13 erledigt (an drei aufeinander folgenden Tagen geschafft):

O

Übung 14

Zeit: 3 Minuten 20 Sekunden

Bitte lesen Sie den Text laut vor. Aber nicht wörtlich in der Gegenwart, sondern in der Vergangenheit. Bitte formulieren Sie die Vergangenheit direkt beim Lesen.

Jeder freut sich, wenn die Sonne scheint. Es regnet in unseren Breitengraden ja leider oft genug. Für die Autofahrer aber kann die Sonne mitunter recht unangenehm, ja gefährlich sein. Vor allem in den Nachmittags- und Abendstunden, wenn die Sonne schon tief steht, ist die Blendung oft so stark, dass der Fahrer praktisch „blind" wird. Eine gute Sonnenbrille - nicht nur gefärbte Gläser – gehören deshalb zur unentbehrlichen Ausrüstung eines Kraftfahrers. Aber auch sie kann die Blendwirkung oft nicht ganz verhindern. Eine wertvolle Hilfe ist die über der Windschutzscheibe montierte Sonnenblende, die wenigstens einen direkten Sonneneinfall verhindert. Unverständlich, dass sie von vielen Kraftfahrern überhaupt nicht benutzt wird. Das Sichtfeld wird durch sie zwar etwas eingeengt, aber man kann wenigstens auf kurze Entfernung die Fahrbahn einwandfrei überblicken – und darauf kommt es schließlich an. Ein geblendeter Kraftfahrer muss ja seine Geschwindigkeit ohnehin so weit herabsetzen, dass er sein Fahrzeug notfalls noch anhalten kann, wenn vor ihm ein Hindernis auftaucht. „Langsamfahren" ist also bei Sonnenblendung das erste Gebot. Es gilt vor allem vor Kreuzungen. Gegen die tief stehende Sonne lässt sich oft nicht einmal erkennen, ob die Ampel Grün oder Rot zeigt. Der Fahrer darf die Kreuzung jedoch auf jeden Fall erst dann überqueren, wenn er absolut sicher sein kann, dass seine Fahrtrichtung freigegeben ist.

Kontrolle Übung 14

Wenn Sie die Zeit von 3 Minuten 20 Sekunden

an drei aufeinander folgenden Tagen geschafft haben oder sogar noch schneller waren, dann brauchen Sie diese **Übung 14** nicht mehr zu wiederholen.

Bitte tragen Sie hier jedes Mal Ihre Zeit ein.

Versuche	Zeit	Versuche	Zeit
1. Versuch:	______________	9. Versuch:	______________
2. Versuch:	______________	10. Versuch:	______________
3. Versuch:	______________	11. Versuch:	______________
4. Versuch:	______________	12. Versuch:	______________
5. Versuch:	______________	13. Versuch:	______________
6. Versuch:	______________	14. Versuch:	______________
7. Versuch:	______________	15. Versuch:	______________
8. Versuch:	______________		

Bitte ankreuzen: Übung 14 erledigt (an drei aufeinander folgenden Tagen geschafft):

O

Übung 15

Zeit: 35 Sekunden

Was reimt sich?

Finden Sie zu jedem der zehn Wörter ein weiteres Wort, das sich reimt. Schreiben Sie aber nichts auf diese Seite oder auf ein Blatt Papier, sondern finden Sie das Reimwort nur im Kopf oder sprechen Sie es laut aus.

Beispiel: Hund – rund

Tisch	**?**
Pfanne	**?**
Wiese	**?**
Frau	**?**
Kind	**?**
Nagel	**?**
Stadt	**?**
Haus	**?**
Nase	**?**
Reh	**?**

Kontrolle Übung 15

Wenn Sie die Zeit von 35 Sekunden

an drei aufeinander folgenden Tagen geschafft haben oder sogar noch schneller waren, dann brauchen Sie diese **Übung 15** nicht mehr zu wiederholen.

Bitte tragen Sie hier jedes Mal Ihre Zeit ein.

Versuche	Zeit	Versuche	Zeit
1. Versuch:	______________	9. Versuch:	______________
2. Versuch:	______________	10. Versuch:	______________
3. Versuch:	______________	11. Versuch:	______________
4. Versuch:	______________	12. Versuch:	______________
5. Versuch:	______________	13. Versuch:	______________
6. Versuch:	______________	14. Versuch:	______________
7. Versuch:	______________	15. Versuch:	______________
8. Versuch:	______________		

Bitte ankreuzen: Übung 15 erledigt (an drei aufeinander folgenden Tagen geschafft):

O

Übung 16

Zeit: 3 Minuten

Bitte suchen Sie in diesem Kasten die Buchstaben in der Reihenfolge von A bis Z und sprechen Sie dabei laut oder in Gedanken zu jedem Buchstaben ein Wort aus, das mit ihm beginnt.

Sie suchen zuerst das A und sprechen z. B. das Wort „Antenne“ aus (oder Angel, Arbeit, aber, an, Affe; es ist egal, welches Wort, es muss nur mit A anfangen). Dann suchen Sie den Buchstaben B und sprechen z. B. das Wort „Buch“ oder „Besen“ aus usw. Für C gelten Wörter wie „Citrone“ oder „Cäsar“ als richtig. Bei Y sprechen Sie als Wort einfach „Ypsilon“.

Achtung: Versuchen Sie das Buchstabieralphabet zu vermeiden, also *nicht:* Anton, Berta, Cäsar, Dora, Emil etc. Ausnahmen gelten bei den Buchstaben C und Y wie oben erwähnt.

A	L	K	I	X
F	M	W	H	N
Y	C	O	P	E
Q	S	U	D	R
T	V	B	J	G
Z				

Kontrolle Übung 16

Wenn Sie die Zeit von 3 Minuten

an drei aufeinander folgenden Tagen geschafft haben oder sogar noch schneller waren, dann brauchen Sie diese **Übung 16** nicht mehr zu wiederholen.

Bitte tragen Sie hier jedes Mal Ihre Zeit ein.

Versuche	Zeit	Versuche	Zeit
1. Versuch:	______________	9. Versuch:	______________
2. Versuch:	______________	10. Versuch:	______________
3. Versuch:	______________	11. Versuch:	______________
4. Versuch:	______________	12. Versuch:	______________
5. Versuch:	______________	13. Versuch:	______________
6. Versuch:	______________	14. Versuch:	______________
7. Versuch:	______________	15. Versuch:	______________
8. Versuch:	______________		

Bitte ankreuzen: Übung 16 erledigt! (an drei aufeinander folgenden Tagen geschafft):

O

5

Kopfrechnen

- Wie gut kann ich beim Einkaufen Preise vergleichen?
- Wie gut behalte ich den Überblick bei der Kontrolle des zurückgegebenen Wechselgeldes?
- Wie gut kann ich meinen Wochenbedarf überblicken und entsprechend Geld von der Bank abholen?
- Wie gut kann ich Zeit, z. B. für das Einkaufen oder für den Arztbesuch, einplanen, ohne dass ich in Zeitnot komme?

Solche und ähnliche Fähigkeiten trainieren Sie mit diesen Übungen in vergleichbarer und ein wenig abgewandelter Form.

Übung 17

Zeit: 2 Minuten

Welche Zahl ist immer genau um 5 größer als die direkt vorherige? Es sind insgesamt 15 Zahlen, die dieses Kriterium erfüllen. Pro Zeile sind es drei Zahlen.

Beispiel: 12, 36, 17, 24, 29, 48, 53, 18 usw. Die Zahl 29 ist um 5 größer als die 24 und die Zahl 53 ist um 5 größer als die 48.

Bitte kreuzen Sie nichts an, sondern finden Sie die entsprechenden Zahlen im Kopf oder sprechen Sie sie laut aus.

36, 42, 47, 84, 39, 17, 15, 20, 89, 94

16, 21, 44, 49, 34, 78, 84, 66, 71, 97

45, 52, 77, 82, 45, 50, 91, 96, 37, 10

27, 33, 38, 89, 95, 99, 34, 39, 71, 76

87, 92, 39, 22, 27, 93, 17, 13, 18, 58

Kontrolle Übung 17

Wenn Sie die Zeit von 2 Minuten

an drei aufeinander folgenden Tagen geschafft haben oder sogar noch schneller waren, dann brauchen Sie diese **Übung 17** nicht mehr zu wiederholen.

Bitte tragen Sie hier jedes Mal Ihre Zeit ein.

Versuche	Zeit	Versuche	Zeit
1. Versuch:	______________	9. Versuch:	______________
2. Versuch:	______________	10. Versuch:	______________
3. Versuch:	______________	11. Versuch:	______________
4. Versuch:	______________	12. Versuch:	______________
5. Versuch:	______________	13. Versuch:	______________
6. Versuch:	______________	14. Versuch:	______________
7. Versuch:	______________	15. Versuch:	______________
8. Versuch:	______________		

Bitte ankreuzen: Übung 17 erledigt (an drei aufeinander folgenden Tagen geschafft):

O

Übung 18

Zeit: 3 Minuten 40 Sekunden

Bitte zählen Sie laut oder im Kopf von 1 bis 100, und zwar vorwärts und rückwärts gleichzeitig. Machen Sie die Übung nicht schriftlich!

Beispiel:

1, 100

2, 99

3, 98

4, 97

Die Summe der zwei Zahlen muss immer 101 ergeben. Die Übung ist beendet, wenn Sie bei „50, 51" angelangt sind.

Kontrolle Übung 18

Wenn Sie die Zeit von 3 Minuten 40 Sekunden

an drei aufeinander folgenden Tagen geschafft haben oder sogar noch schneller waren, dann brauchen Sie diese **Übung 18** nicht mehr zu wiederholen.

Bitte tragen Sie hier jedes Mal Ihre Zeit ein.

Versuche	Zeit	Versuche	Zeit
1. Versuch:	______________	9. Versuch:	______________
2. Versuch:	______________	10. Versuch:	______________
3. Versuch:	______________	11. Versuch:	______________
4. Versuch:	______________	12. Versuch:	______________
5. Versuch:	______________	13. Versuch:	______________
6. Versuch:	______________	14. Versuch:	______________
7. Versuch:	______________	15. Versuch:	______________
8. Versuch:	______________		

Bitte ankreuzen: Übung 18 erledigt (an drei aufeinander folgenden Tagen geschafft):

O

Übung 19

Zeit: 2 Minuten 30 Sekunden

Da hat doch jemand etwas ausgerechnet, aber wie? Die Zeichen zwischen den Zahlen fehlen! Hat er zusammengezählt, abgezogen, malgenommen oder geteilt?

Finden Sie heraus, welche Zeichen fehlen. Schreiben Sie aber nichts auf diese Seite, sondern finden Sie die Lösung nur im Kopf.

Achtung: Punktrechnung geht vor Strichrechnung!

Zuerst müssen Sie immer malnehmen bzw. teilen und dann erst zusammenzählen bzw. abziehen.

Beispiel:
2 4 1 = 6
Die Lösung lautet: 2 + 4 · 1 = 6, denn 4 · 1 = 4 und 2 + 4 = 6

6 1 1 = 8	**6 2 2 = 5**
1 2 2 = 5	**4 5 9 = 0**
3 1 4 = 7	**2 2 2 = 2**
5 1 3 = 7	**1 2 2 = 5**
3 3 2 = 4	**3 2 2 = 4**
1 4 3 = 12	**3 4 1 = 11**
5 7 5 = 7	**2 1 0 = 0**
2 1 4 = 8	

Kontrolle Übung 19

Wenn Sie die Zeit von 2 Minuten 30 Sekunden

an drei aufeinander folgenden Tagen geschafft haben oder sogar noch schneller waren, dann brauchen Sie diese **Übung 19** nicht mehr zu wiederholen.

Bitte tragen Sie hier jedes Mal Ihre Zeit ein.

Versuche	Zeit	Versuche	Zeit
1. Versuch:	______________	9. Versuch:	______________
2. Versuch:	______________	10. Versuch:	______________
3. Versuch:	______________	11. Versuch:	______________
4. Versuch:	______________	12. Versuch:	______________
5. Versuch:	______________	13. Versuch:	______________
6. Versuch:	______________	14. Versuch:	______________
7. Versuch:	______________	15. Versuch:	______________
8. Versuch:	______________		

Bitte ankreuzen: Übung 19 erledigt (an drei aufeinander folgenden Tagen geschafft):

O

Übung 20

Zeit: 1 Minute 30 Sekunden

Bitte rechnen Sie um:

1 Pfund (Pfd) = 500 g

Wie vielen Gramm entsprechen dann die folgenden Pfundangaben?

Bitte rechnen Sie laut oder im Kopf (nicht schriftlich) so schnell wie möglich. Finden Sie einen möglichst einfachen Rechenschritt.

Anregung: Um welche gleiche Einheit erhöht sich jedes Mal die Grammzahl?

Beispiel:
2 Pfd = 1.000 g

Wie geht es weiter?

3 Pfd	=	12 Pfd	=
4 Pfd	=	13 Pfd	=
5 Pfd	=	14 Pfd	=
6 Pfd	=	15 Pfd	=
7 Pfd	=	16 Pfd	=
8 Pfd	=	17 Pfd	=
9 Pfd	=	18 Pfd	=
10 Pfg	=	19 Pfd	=
11 Pfd	=	20 Pfd	=

Kontrolle Übung 20

Wenn Sie die Zeit von 1 Minute 30 Sekunden

an drei aufeinander folgenden Tagen geschafft haben oder sogar noch schneller waren, dann brauchen Sie diese **Übung 20** nicht mehr zu wiederholen.

Bitte tragen Sie hier jedes Mal Ihre Zeit ein.

Versuche	Zeit	Versuche	Zeit
1. Versuch:	______________	9. Versuch:	______________
2. Versuch:	______________	10. Versuch:	______________
3. Versuch:	______________	11. Versuch:	______________
4. Versuch:	______________	12. Versuch:	______________
5. Versuch:	______________	13. Versuch:	______________
6. Versuch:	______________	14. Versuch:	______________
7. Versuch:	______________	15. Versuch:	______________
8. Versuch:	______________		

Bitte ankreuzen: Übung 20 erledigt (an drei aufeinander folgenden Tagen geschafft):

O

Lösungen für die Stufe GELB

(Für manche Übungen brauchen keine Lösungen angegeben werden.)

Übung 1
10 Stück

Übung 3

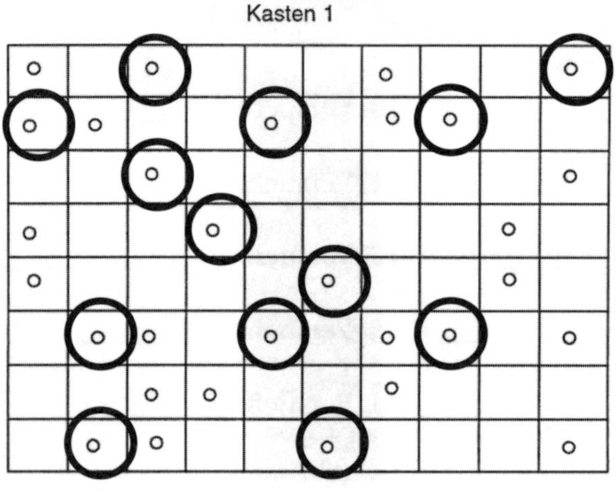

Übung 4:

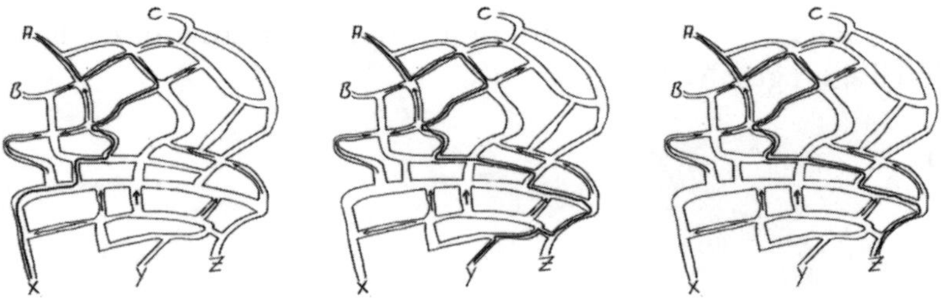

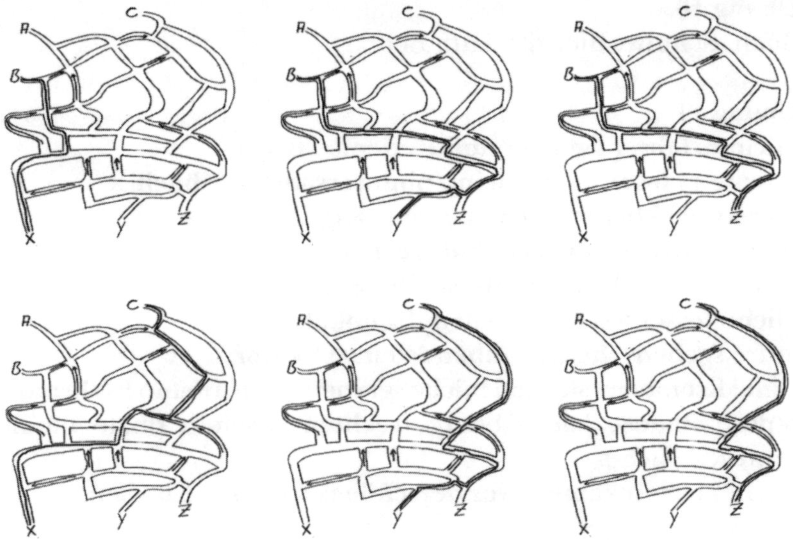

Übung 5

1 = X; 2 = M; 3 = F; 4 = A; 5 = Z; 6 = T; 7 = A; 8 = I; 9 = W; 10 = M

Übung 6

1: A = 2; B = 1; C = 2; D = 1; E = 1; F = 1
2: A = 1; B = 2; C = 1; D = 2; E = –; F = 2
3: A = 2; B = 1; C = 2; D = 1; E = 1;F = 1

Übung 8

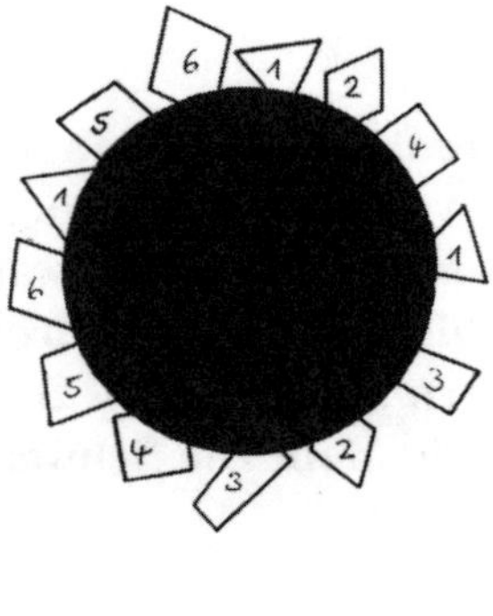

Übung 10

Buch, Schuhe, Bleistift, Hut, Bett

Übung 11

Michm r**fahre**f k**gerne**r d**mit**e e**dem**e H**zug**a.
L**heute**n k**lese**r m**ich**e d**ein**p p**interessantes**e M**buch**i.
H**gestern**e k**hatte**n d**ich**e L**geburtstag**a.
I**wir**e k**fahren**s s**morgens** f**in**e V**urlaub**a.
I**wir**e s**haben**s k**ein**e l**großes**e K**haus**e.
M**ich**n l**esse**r w**sehr**e t**gerne**n R**schokolade**n.
S**wir**e s**gehen**s t**heute**n r**abend**e e**ins**e R**kino**f.
D**im**e K**sommer**s s**fahre**n m**ich**e s**gerne**n k**mit**e r**dem**o B**fahrrad**e.
M**das**e R**haus**e k**auf**e b**der**e t**rechten**s B**seite**n d**hat**e m**ein**e b**rotes**e F**dach**e.
M**ich**l k**habe**n k**eine**s r**wunderschöne**s h**weiße**n K**bluse**n.

Übung 12

Ein **Ich** Mann **bin** geht **gestern** spazieren. **ins** Als **Kino** er **gegangen**. an **Dort** einem **habe** Teich **ich** vorbeikommt, **einen** sieht **neuen** er **Film** plötzlich **gesehen**. einen **Es** schönen **war** Schwan. **ein** Er **Film**, nimmt **der** ein **in** Stück **Kalifornien** Brot **gedreht** und **wurde** füttert **und** den **gestern** Schwan. **zum** Das **erstenmal** Brot **vorgeführt** schmeckt **wurde**. dem **Die** Schwan **Kritiken** so **waren** gut, **hervorragend,** dass **so** er **dass** am **der** Ufer **Film** bleibt **noch** und **zwei** nach **Monate** mehr **laufen** verlangt. **wird.** Aber **Ich** der **könnte** Mann **mir** hat **denken**, keine **dass** Zeit **der** mehr **Regisseur** und **einen** geht **Oskar** nach **bekommt.** Hause.

Ein Ich **Mann** bin **geht** gestern **spazieren.** ins **Als** Kino **er** gegangen. **an** Dort **einem** habe **Teich** ich **vorbeikommt,** einen **sieht** neuen **er** Film **plötzlich** gesehen. **einen** Es **schönen** war **Schwan.** ein **Er** Film, **nimmt** der **ein** in **Stück** Kalifornien **Brot** gedreht **und** wurde **füttert** und **den** gestern **Schwan**. zum **Das** ersten Mal **Brot** vorgeführt **schmeckt** wurde. **dem** Die **Schwan**

Kritiken **so** waren **gut**, hervorragend, **dass** so **er** dass **am** der **Ufer** Film **bleibt** noch **und** zwei **nach** Monate **mehr** laufen **verlangt.** wird. **Aber** Ich **der** könnte **Mann** mir **hat** denken, **keine** dass **Zeit** der **mehr** Regisseur **und** einen **geht** Oskar **nach** bekommt. **Hause.**

Übung 13

1. Wenn ich hungrig bin, dann esse ich.
2. Es ist kalt draußen, darum friere ich.
3. Nur im Frühling sprießen die Blumen.
4. Habe ich einmal Kummer, dann weine ich.
5. Wenn ich spazieren gehe, dann ziehe ich feste Schuhe an.
6. Bei dunklen Wolken am Himmel kann es regnen.
7. Im Winter werden die Nächte sehr kalt.
8. Bei Hochwasser flüchten die Menschen und die Tiere.
9. Wenn ich Durst habe, trinke ich.
10. Feste feiert man überall auf der Welt.

Übung 14

Jeder freute sich, als die Sonne schien. Es regnete in unseren Breitengraden ja leider oft genug. Für die Autofahrer aber konnte die Sonne mitunter recht unangenehm sein, ja, sie war gefährlich. Vor allem in den Nachmittags- und Abendstunden, als die Sonne schon tief stand, war die Blendung oft so stark, dass der Fahrer praktisch „blind“ war. Eine gute Sonnenbrille – nicht nur gefärbte Gläser – gehörten deshalb zur unentbehrlichen Ausrüstung eines Kraftfahrers. Aber auch sie konnte die Blendwirkung oft nicht ganz verhindern. Eine wertvolle Hilfe war die über der Windschutzscheibe montierte Sonnenblende, die wenigstens einen direkten Sonneneinfall verhinderte. Unverständlich, dass sie von vielen Kraftfahrern überhaupt nicht genutzt wurde. Das Sichtfeld wurde durch sie zwar etwas eingeengt, aber man konnte wenigstens auf kurze Entfernung die Fahrbahn einwandfrei überblicken – und darauf kam es schließlich an. Ein geblendeter Kraftfahrer musste ja seine

Geschwindigkeit ohnehin so weit herabsetzen, dass er sein Fahrzeug notfalls noch anhalten konnte, wenn vor ihm ein Hindernis auftauchte. „Langsamfahren" war also bei Sonnenblendung das erste Gebot. Es galt vor allem vor Kreuzungen. Gegen die tief stehende Sonne ließ sich oft nicht einmal erkennen, ob die Ampel Grün oder Rot zeigte. Der Fahrer durfte die Kreuzung jedoch auf jeden Fall erst dann überqueren, wenn er absolut sicher sein konnte, dass seine Fahrtrichtung freigegeben war.

Übung 15 (Es gibt hier mehrere Möglichkeiten.)
Als Beispiel: Tisch – Fisch; Wiese – Brise; Kind – Wind; Stadt – Rad; Nase – Blase; Pfanne – Kanne; Frau – Tau; Nagel – Hagel; Haus – Maus; Reh – Zeh

Übung 17

36, 42, 47, 84, 39, 17, 15, 20, 89, 94

16, 21, 44, 49, 34, 78, 84, 66, 71, 97

45, 52, 77, 82, 45, 50, 91, 96, 37, 10

27, 33, 38, 89, 95, 99, 34, 39, 71, 76

87, 92, 39, 22, 27, 93, 17, 13, 18, 58

Übung 19

6 + 1 + 1 = 8	6 : 2 + 2 = 5
1 + 2 + 2 = 5	4 + 5 – 9 = 0
3 + 1 · 4 = 7	2 + 2 - 2 = 2
5 – 1 + 3 = 7	1 + 2 + 2 = 5
3 + 3 – 2 = 4	3 · 2 – 2 = 4
1 · 4 · 3 = 12	3 · 4 – 1 = 11
5 · 7 : 5 = 7	2 · 1 · 0 = 0
2 · 1 · 4 = 8	

Übung 20

3 Pfd	=	1.500 g	12 Pfd	=	6.000 g
4 Pfd	=	2.000 g	13 Pfd	=	6.500 g
5 Pfd	=	2.500 g	14 Pfd	=	7.000 g
6 Pfd	=	3.000 g	15 Pfd	=	7.500 g
7 Pfd	=	3.500 g	16 Pfd	=	8.000 g
8 Pfd	=	4.000 g	17 Pfd	=	8.500 g
9 Pfd	=	4.500 g	18 Pfd	=	9.000 g
10 Pfg	=	5.000 g	19 Pfd	=	9.500 g
11 Pfd	=	5.500 g	20 Pfd	=	10.000 g

GRÜNE STUFE

1

Räumliche Orientierung

- Wie war noch mal das Schnittmuster zusammengesetzt?
- Durch welche Straße kam ich auf dem Hinweg (jetzt sehe ich sie auf dem Rückweg aus einer anderen Perspektive)?
- An welchen Verkaufsständen muss ich vorbei, um in diesem Kaufhaus wieder zum Ausgang zu gelangen?

Solche und ähnliche Fähigkeiten trainieren Sie mit diesen Übungen in vergleichbarer und ein wenig abgewandelter Form.

Übung 1

Zeit: 50 Sekunden

Bitte verfolgen Sie nur mit Ihren Augen die Linie von A bis B und gleich wieder zurück nach A. Dann ist die Übung einmal geschafft. Passen Sie auf, dass Sie die Linie dabei nicht aus den Augen verlieren.

Kontrolle Übung 1

Wenn Sie die Zeit von 50 Sekunden

an drei aufeinander folgenden Tagen geschafft haben oder sogar noch schneller waren, dann brauchen Sie diese **Übung 1** nicht mehr zu wiederholen.

Bitte tragen Sie hier jedes Mal Ihre Zeit ein.

Versuche	Zeit	Versuche	Zeit
1. Versuch:	______________	9. Versuch:	______________
2. Versuch:	______________	10. Versuch:	______________
3. Versuch:	______________	11. Versuch:	______________
4. Versuch:	______________	12. Versuch:	______________
5. Versuch:	______________	13. Versuch:	______________
6. Versuch:	______________	14. Versuch:	______________
7. Versuch:	______________	15. Versuch:	______________
8. Versuch:	______________		

Bitte ankreuzen: Übung 1 erledigt (an drei aufeinander folgenden Tagen geschafft):

O

Übung 2

Zeit für jeweils einen Weg: 1 Minute 30 Sekunden

Auf diesem Gitter gibt es drei besondere Wege, um von A nach B zu kommen. Nur die Wege gelten, auf deren Linien die Zahlen zusammengerechnet die Summe 30 ergeben. Sie dürfen kein Gitter überspringen.

Finden Sie immer nur einen Weg und schauen Sie auf die Uhr, wie lange Sie gebraucht haben.

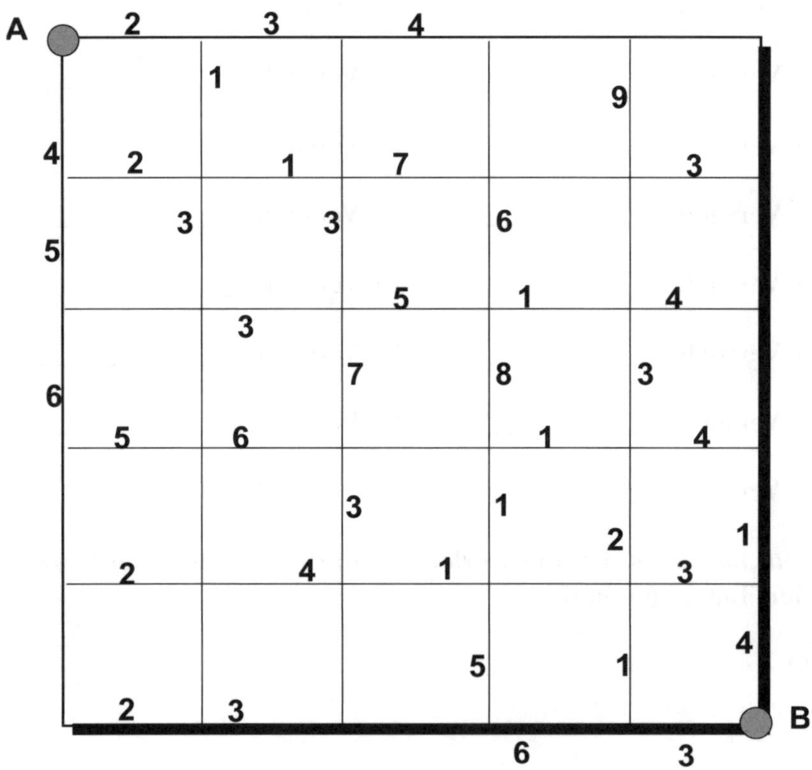

Kontrolle Übung 2

Wenn Sie die Zeit von 1 Minute 30 Sekunden

an drei aufeinander folgenden Tagen geschafft haben oder sogar noch schneller waren, dann brauchen Sie diese **Übung 2** nicht mehr zu wiederholen.

Bitte tragen Sie hier jedes Mal Ihre Zeit ein.

Versuche	Zeit	Versuche	Zeit
1. Versuch:	____________	9. Versuch:	____________
2. Versuch:	____________	10. Versuch:	____________
3. Versuch:	____________	11. Versuch:	____________
4. Versuch:	____________	12. Versuch:	____________
5. Versuch:	____________	13. Versuch:	____________
6. Versuch:	____________	14. Versuch:	____________
7. Versuch:	____________	15. Versuch:	____________
8. Versuch:	____________		

Bitte ankreuzen: Übung 2 erledigt (an drei aufeinander folgenden Tagen geschafft):

O

Übung 3

Zeit: 2 Minuten

Neben das Quadrat sind vier Einzelteile gezeichnet. Nur drei davon sind entstanden, weil das Quadrat in drei Teile zerschnitten wurde. Welche sind es und welches Teil gehört nicht dazu?

Das Gleiche gilt für den Kreis und das Dreieck.

Die Übung ist beendet, wenn sie die Einzelteile für das Quadrat, den Kreis und das Dreieck zugeordnet haben.

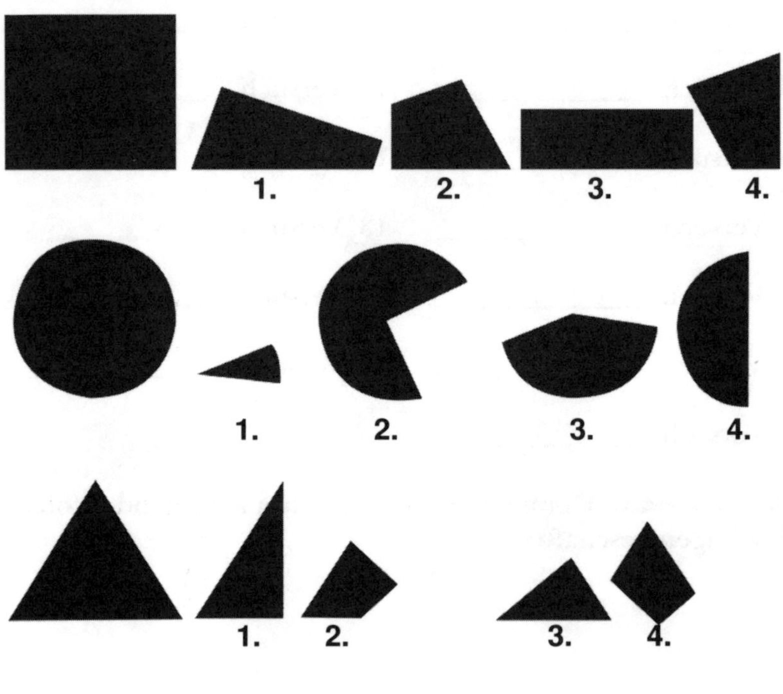

4.

Kontrolle Übung 3

Wenn Sie die Zeit von 2 Minuten

an drei aufeinander folgenden Tagen geschafft haben oder sogar noch schneller waren, dann brauchen Sie diese **Übung 3** nicht mehr zu wiederholen.

Bitte tragen Sie hier jedes Mal Ihre Zeit ein.

Versuche	Zeit	Versuche	Zeit
1. Versuch:	______________	9. Versuch:	______________
2. Versuch:	______________	10. Versuch:	______________
3. Versuch:	______________	11. Versuch:	______________
4. Versuch:	______________	12. Versuch:	______________
5. Versuch:	______________	13. Versuch:	______________
6. Versuch:	______________	14. Versuch:	______________
7. Versuch:	______________	15. Versuch:	______________
8. Versuch:	______________		

Bitte ankreuzen: Übung 3 erledigt (an drei aufeinander folgenden Tagen geschafft):

O

Übung 4

Zeit: Pro Wortkette 3 Minuten

Bitte stellen Sie sich zu jeder der unten stehenden fünf Wortketten eine Bildergeschichte vor.

Beispiel: Auto – Laterne – Fluss – Hut – Dach – Huhn

Das Auto fährt gegen die Laterne. Die fällt in den Fluss, in dem ein Hut schwimmt. Der wird von der Laterne hoch geschleudert auf ein Dach, auf dem ein Huhn sitzt. Es gackert laut und fliegt weg.

Können Sie die Geschichte bzw. die Wortkette jetzt vorwärts und rückwärts aus dem Gedächtnis wiedergeben? Probieren Sie es; es funktioniert, wenn Sie die beschriebene Geschichte tatsächlich vor dem inneren Auge gesehen haben.

Bitte stellen Sie sich jetzt die folgenden fünf Wortketten in jeweils einer Geschichte vor. Die oben angegebene Zeit gilt für eine Wortkette.

Sägewerk – Fahrradweg – Schuhhaus – Bank – Spielplatz

Schule – Wald – Turm – Teich – Haus – Polizei

Rathaus – Bäckerei – Metzgerei – Schuster – Verkehrsschild – Restaurant

Berg – Zelt – Alm – Schlafsack – Lagerfeuer – Rucksack

Autobahn – Rastplatz – Tankstelle – Landstraße – Busch – Graben

Bitte lassen Sie Ihrer Fantasie freien Lauf.

Sie haben die Übung geschafft, wenn Sie alle fünf Wortketten vor- und rückwärts mithilfe Ihrer Geschichte im Kopf haben und bei mindestens drei Wortketten die oben angegebene Zeit geschafft haben oder sogar schneller waren.

Kontrolle Übung 4

Wenn Sie die Zeit von 3 Minuten

an drei aufeinander folgenden Tagen geschafft haben oder sogar noch schneller waren, dann brauchen Sie diese **Übung 4** nicht mehr zu wiederholen.

Bitte tragen Sie hier jedes Mal Ihre Zeit ein.

Versuche	Zeit	Versuche	Zeit
1. Versuch:	____________	9. Versuch:	____________
2. Versuch:	____________	10. Versuch:	____________
3. Versuch:	____________	11. Versuch:	____________
4. Versuch:	____________	12. Versuch:	____________
5. Versuch:	____________	13. Versuch:	____________
6. Versuch:	____________	14. Versuch:	____________
7. Versuch:	____________	15. Versuch:	____________
8. Versuch:	____________		

Bitte ankreuzen: Übung 4 erledigt (an drei aufeinander folgenden Tagen geschafft):

O

2

Alltagsentscheidungen

- Nehme ich den Bus oder die Straßenbahn, um nach Hause zu kommen?
- Ist das Pfund roter Äpfel beim Obsthändler günstiger als die sechs gelben Äpfel?
- Was muss ich noch einkaufen, was fehlt mir für den Besuch meiner Familie am nächsten Tag, welche Entscheidung ist richtig?

Solche und ähnliche Fähigkeiten trainieren Sie mit diesen Übungen in vergleichbarer und ein wenig abgewandelter Form.

Übung 5

Zeit: 1 Minute 30 Sekunden

Finden Sie die zehn Figuren, die einen Doppelgänger haben.

Bitte nichts ankreuzen, da Sie diese Übung mehrmals durchführen werden!

Beispiel: 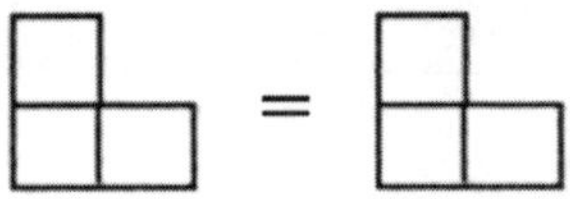

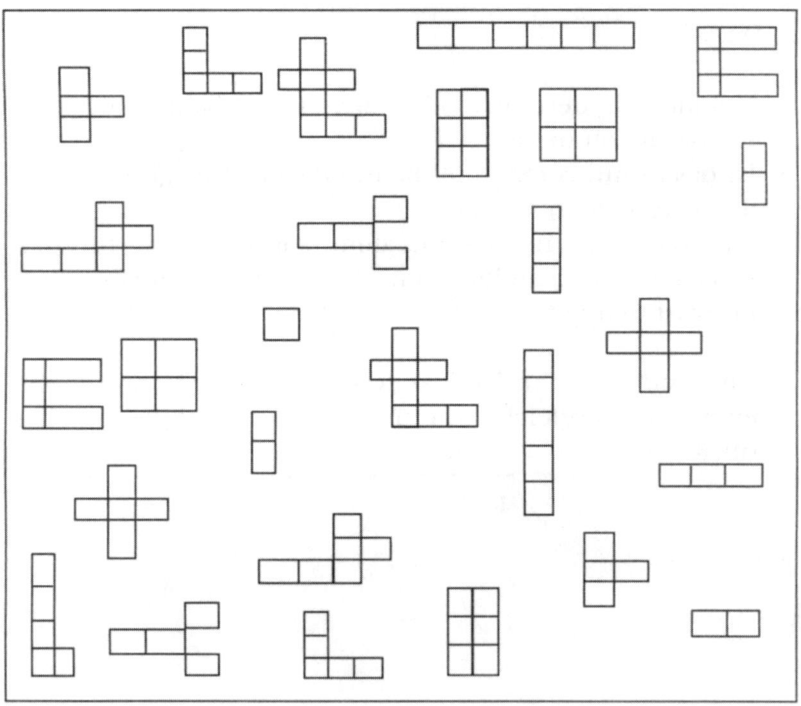

Kontrolle Übung 5

Wenn Sie die Zeit von 1 Minute 30 Sekunden

an drei aufeinander folgenden Tagen geschafft haben oder sogar noch schneller waren, dann brauchen Sie diese **Übung 5** nicht mehr zu wiederholen.

Bitte tragen Sie hier jedes Mal Ihre Zeit ein.

Versuche	Zeit	Versuche	Zeit
1. Versuch:	______________	9. Versuch:	______________
2. Versuch:	______________	10. Versuch:	______________
3. Versuch:	______________	11. Versuch:	______________
4. Versuch:	______________	12. Versuch:	______________
5. Versuch:	______________	13. Versuch:	______________
6. Versuch:	______________	14. Versuch:	______________
7. Versuch:	______________	15. Versuch:	______________
8. Versuch:	______________		

Bitte ankreuzen: Übung 5 erledigt (an drei aufeinander folgenden Tagen geschafft):

O

Übung 6

Zeit: 4 Minuten 30 Sekunden

Bitte finden Sie die Zahlen in den **Kreisen** von 1 bis 30 **vorwärts** und sofort anschließend in den **Quadraten rückwärts** (30 bis 1).

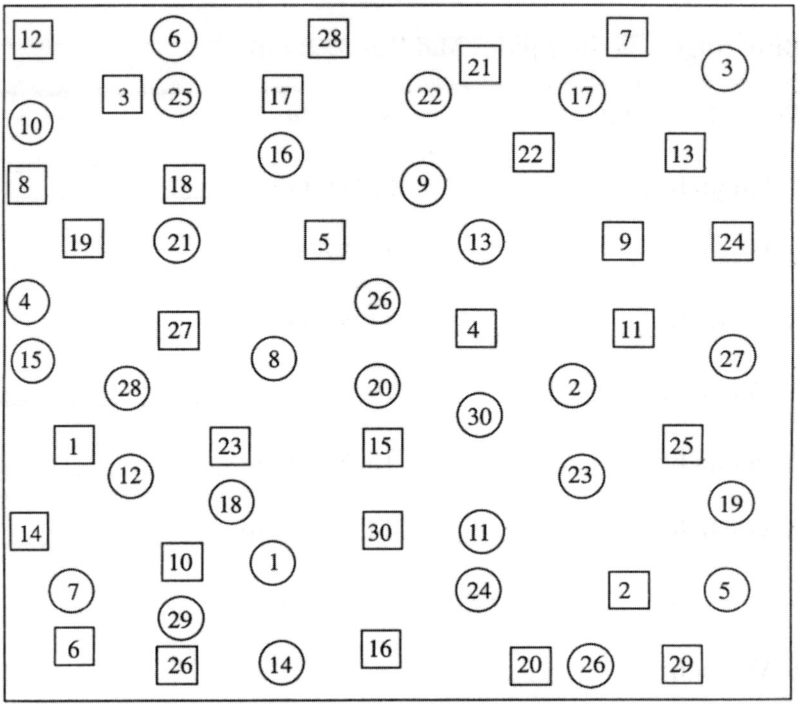

Kontrolle Übung 6

Wenn Sie die Zeit von 4 Minuten 30 Sekunden

an drei aufeinander folgenden Tagen geschafft haben oder sogar noch schneller waren, dann brauchen Sie diese **Übung 6** nicht mehr zu wiederholen.

Bitte tragen Sie hier jedes Mal Ihre Zeit ein.

Versuche	Zeit	Versuche	Zeit
1. Versuch:	______________	9. Versuch:	______________
2. Versuch:	______________	10. Versuch:	______________
3. Versuch:	______________	11. Versuch:	______________
4. Versuch:	______________	12. Versuch:	______________
5. Versuch:	______________	13. Versuch:	______________
6. Versuch:	______________	14. Versuch:	______________
7. Versuch:	______________	15. Versuch:	______________
8. Versuch:	______________		

Bitte ankreuzen: Übung 6 erledigt (an drei aufeinander folgenden Tagen geschafft):

O

Übung 7

Zeit: 2 Minuten

Finden Sie die zehn Figuren, die einen Doppelgänger haben. Dabei dürfen Sie die einzelnen Figuren auch um ihre eigene Achse drehen (vor Ihrem inneren Auge), damit sie passen.

Beispiel:

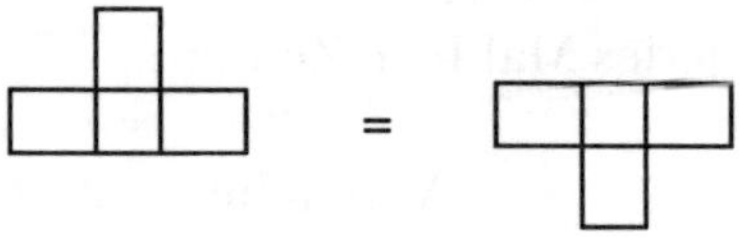

Wenn Sie die zweite Figur drehen, dann wird sie zum Doppelgänger der ersten Figur. Es gibt aber auch Doppelgänger, die Sie nicht drehen müssen. Bitte kreuzen Sie nichts an, sondern finden Sie die Doppelgänger *nur* mit den Augen.

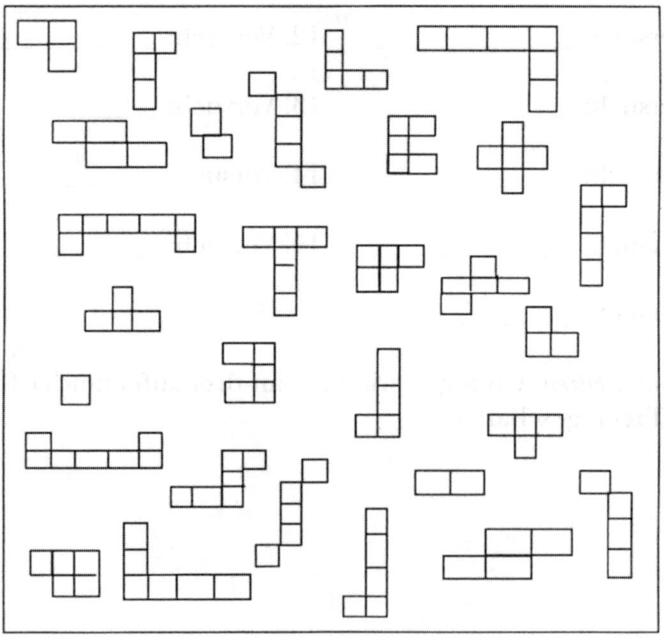

Kontrolle Übung 7

Wenn Sie die Zeit von 2 Minuten

an drei aufeinander folgenden Tagen geschafft haben oder sogar noch schneller waren, dann brauchen Sie diese **Übung 7** nicht mehr zu wiederholen.

Bitte tragen Sie hier jedes Mal Ihre Zeit ein.

Versuche	Zeit	Versuche	Zeit
1. Versuch:	____________	9. Versuch:	____________
2. Versuch:	____________	10. Versuch:	____________
3. Versuch:	____________	11. Versuch:	____________
4. Versuch:	____________	12. Versuch:	____________
5. Versuch:	____________	13. Versuch:	____________
6. Versuch:	____________	14. Versuch:	____________
7. Versuch:	____________	15. Versuch:	____________
8. Versuch:	____________		

Bitte ankreuzen: Übung 7 erledigt (an drei aufeinander folgenden Tagen geschafft):

O

Übung 8

Zeit: 3 Minuten

In dieser Übung befinden sich 26 Wörter. Jedes Wort beginnt mit einem anderen Buchstaben aus dem Alphabet. Bitte suchen Sie zuerst das Wort, das mit A beginnt. Danach das Wort, das mit B beginnt, danach das Wort beginnend mit C usw.

Achtung: Dabei müssen Sie das jeweilige Wort laut aussprechen!

Die Übung ist beendet, wenn Sie als letztes Wort dasjenige gefunden haben, das mit Z beginnt.

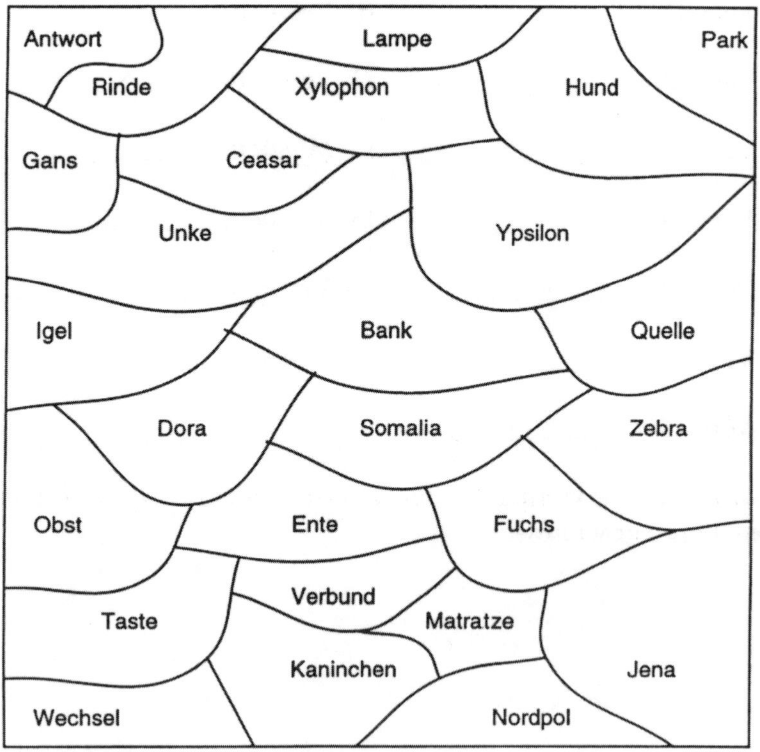

Kontrolle Übung 8

Wenn Sie die Zeit von 3 Minuten

an drei aufeinander folgenden Tagen geschafft haben oder sogar noch schneller waren, dann brauchen Sie diese **Übung 8** nicht mehr zu wiederholen.

Bitte tragen Sie hier jedes Mal Ihre Zeit ein.

Versuche	Zeit	Versuche	Zeit
1. Versuch:	________	9. Versuch:	________
2. Versuch:	________	10. Versuch:	________
3. Versuch:	________	11. Versuch:	________
4. Versuch:	________	12. Versuch:	________
5. Versuch:	________	13. Versuch:	________
6. Versuch:	________	14. Versuch:	________
7. Versuch:	________	15. Versuch:	________
8. Versuch:	________		

Bitte ankreuzen: Übung 8 erledigt (an drei aufeinander folgenden Tagen geschafft):

O

Kontrolle-Übung 8

3

Sprachverständnis

- Kann ich dem Sinn von Gesprächen folgen, wenn ich in Gesellschaft bin?
- Verstehe ich die Zusammenhänge der Nachrichten in einer Zeitung gut?
- Verstehe ich den Sinn der Sätze in einem Buch, auch wenn sie etwas länger sind?

Solche und ähnliche Fähigkeiten trainieren Sie mit diesen Übungen in vergleichbarer und ein wenig abgewandelter Form.

Übung 9

Zeit: 4 Minuten

Suchen Sie die Zahlen von eins bis zwanzig vorwärts und rückwärts und lassen Sie sich durch die anderen Wörter wie „Eimer“, „Zweig“, „Brei“, „Für“, „Strümpfe“ usw. nicht irritieren.

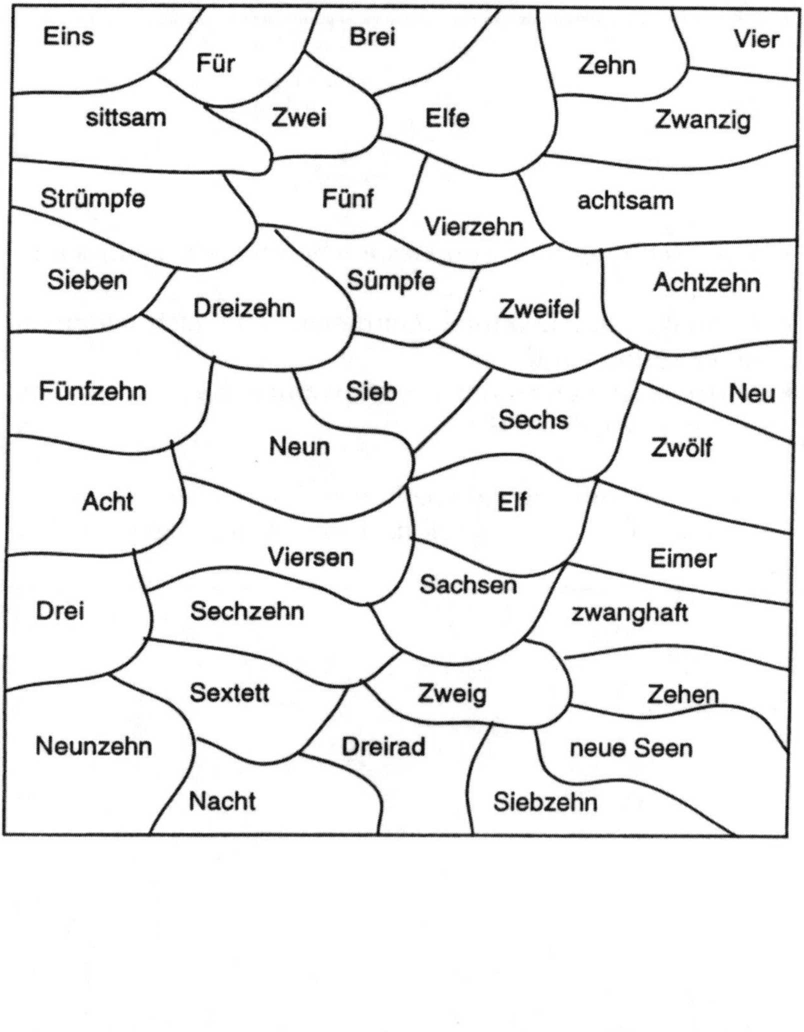

Kontrolle Übung 9

Wenn Sie die Zeit von 4 Minuten

an drei aufeinander folgenden Tagen geschafft haben oder sogar noch schneller waren, dann brauchen Sie diese **Übung 9** nicht mehr zu wiederholen.

Bitte tragen Sie hier jedes Mal Ihre Zeit ein.

Versuche	Zeit	Versuche	Zeit
1. Versuch:	______________	9. Versuch:	______________
2. Versuch:	______________	10. Versuch:	______________
3. Versuch:	______________	11. Versuch:	______________
4. Versuch:	______________	12. Versuch:	______________
5. Versuch:	______________	13. Versuch:	______________
6. Versuch:	______________	14. Versuch:	______________
7. Versuch:	______________	15. Versuch:	______________
8. Versuch:	______________		

Bitte ankreuzen: Übung 9 erledigt (an drei aufeinander folgenden Tagen geschafft):

O

Übung 10

Zeit für alle 10 Sätze: 1 Minute

In den folgenden Sätzen ist jedes Wort rückwärts geschrieben. Versuchen Sie den Sinn der Sätze so schnell wie möglich zu erkennen.

1. apO tseil eid gnutieZ.
2. eiD eztaK tknirt hcliM.
3. reD mrutS tlueh tual.
4. etueH nerhaf riw ni bualrU.
5. hcI nnak sträwkcür nesel.
6. etueH tenger se krats.
7. hcI esse enreg tuarkreuaS.
8. reD dnuH tlleb tual.
9. nretseG raw nie reginnos gaT.
10. gnubÜ thcam ned retsieM.

Kontrolle Übung 10

Wenn Sie die Zeit von 1 Minute

an drei aufeinander folgenden Tagen geschafft haben oder sogar noch schneller waren, dann brauchen Sie diese **Übung 10** nicht mehr zu wiederholen.

Bitte tragen Sie hier jedes Mal Ihre Zeit ein.

Versuche	Zeit	Versuche	Zeit
1. Versuch:	______________	9. Versuch:	______________
2. Versuch:	______________	10. Versuch:	______________
3. Versuch:	______________	11. Versuch:	______________
4. Versuch:	______________	12. Versuch:	______________
5. Versuch:	______________	13. Versuch:	______________
6. Versuch:	______________	14. Versuch:	______________
7. Versuch:	______________	15. Versuch:	______________
8. Versuch:	______________		

Bitte ankreuzen: Übung 10 erledigt (an drei aufeinander folgenden Tagen geschafft):

O

Übung 11

Zeit: 1 Minute

Suchen Sie die Zahlen von eins = E, zwei = Z, drei = D usw. bis zwanzig = ZW und sofort wieder rückwärts von zwanzig = ZW bis eins = E.

Die Zahlen eins bis neun sind mit einem Buchstaben, die Zahlen zehn bis zwanzig mit zwei Buchstaben abgekürzt.

E DR F ZW

S N

VI ZW D A

SE AC

NE

FÜ V S

ZE EL

SI Z

Kontrolle Übung 11

Wenn Sie die Zeit von 1 Minute

an drei aufeinander folgenden Tagen geschafft haben oder sogar noch schneller waren, dann brauchen Sie diese **Übung 11** nicht mehr zu wiederholen.

Bitte tragen Sie hier jedes Mal Ihre Zeit ein.

Versuche	Zeit	Versuche	Zeit
1. Versuch:	______________	9. Versuch:	______________
2. Versuch:	______________	10. Versuch:	______________
3. Versuch:	______________	11. Versuch:	______________
4. Versuch:	______________	12. Versuch:	______________
5. Versuch:	______________	13. Versuch:	______________
6. Versuch:	______________	14. Versuch:	______________
7. Versuch:	______________	15. Versuch:	______________
8. Versuch:	______________		

Bitte ankreuzen: Übung 11 erledigt (an drei aufeinander folgenden Tagen geschafft):

O

Übung 12

Zeit pro enträtseltes Wort: 15 Sekunden; insgesamt max. 4 Minuten

Die folgenden 15 Wörter sind im Alphabet immer um einen Buchstaben verrutscht, also steht dort statt A ein B, statt B ein C, statt C ein D usw. und statt Z wieder ein A.

Beispiel:
Bvup heißt

A u t o
| | | |
B v u p

Was bedeuten also die folgenden Wörter? Bitte schreiben Sie nichts auf die Seite. Sie sollen die einzelnen Wörter nur im Kopf enträtseln. Die oben angegebene Zeit gilt immer nur für ein enträtseltes Wort.

Ubouf	**Lpqg**
Ibvt	**Cbe**
Pnb	**Cvdi**
Ljtuf	**Tuvim**
Cjme	**Mpdi**
Tff	**Gsbv**
Xjftf	**Tqjfm**
Gmbtdif	

Kontrolle Übung 12

Wenn Sie die Zeit von 15 Sekunden, insgesamt max. 4 Minuten,

an drei aufeinander folgenden Tagen geschafft haben oder sogar noch schneller waren, dann brauchen Sie diese **Übung 12** nicht mehr zu wiederholen.

Bitte tragen Sie hier jedes Mal Ihre Zeit ein.

Versuche	Zeit	Versuche	Zeit
1. Versuch:	______________	9. Versuch:	______________
2. Versuch:	______________	10. Versuch:	______________
3. Versuch:	______________	11. Versuch:	______________
4. Versuch:	______________	12. Versuch:	______________
5. Versuch:	______________	13. Versuch:	______________
6. Versuch:	______________	14. Versuch:	______________
7. Versuch:	______________	15. Versuch:	______________
8. Versuch:	______________		

Bitte ankreuzen: Übung 12 erledigt (an drei aufeinander folgenden Tagen geschafft):

O

4

Wortschatz

- Wie gut kann ich mich an einem Gespräch beteiligen?
- Wie gut kann ich argumentieren, wenn ich in Gesellschaft bin?
- Wie gut schaffe ich es, meine Meinung darzustellen, sodass sie für andere interessant ist?
- Wie konzentriert kann ich sprechen, also ohne Sätze zu verstümmeln?

Solche und ähnliche Fähigkeiten trainieren Sie mit diesen Übungen in vergleichbarer und ein wenig abgewandelter Form.

Übung 13

Zeit: 30 Sekunden

Bitte beschreiben Sie einer zweiten Person die folgenden Begriffe so lange, bis sie verstanden hat, was Sie meinen. Dabei dürfen Sie den gesuchten Begriff und auch den rechts davon in Klammern stehenden Begriff auf keinen Fall erwähnen.

Katze (Tier)	Stuhl (sitzen)
Fluss (Wasser)	Buch (lesen)
Rasen (Gras)	Tasse (trinken)
Weg (Steine)	Herd (kochen)
Straße (Asphalt)	Bad (baden)
Füße (gehen)	Bett (schlafen)
Fenster (Glas)	Hunger (essen)
Garage (Auto)	Durst (trinken)
Käse (Milch)	Schminke (schminken)
bellen (Hund)	Blitz (blitzen)

Kontrolle Übung 13

Wenn Sie die Zeit von 30 Sekunden

an drei aufeinander folgenden Tagen geschafft haben oder sogar noch schneller waren, dann brauchen Sie diese **Übung 13** nicht mehr zu wiederholen.

Bitte tragen Sie hier jedes Mal Ihre Zeit ein.

Versuche	Zeit	Versuche	Zeit
1. Versuch:	______________	9. Versuch:	______________
2. Versuch:	______________	10. Versuch:	______________
3. Versuch:	______________	11. Versuch:	______________
4. Versuch:	______________	12. Versuch:	______________
5. Versuch:	______________	13. Versuch:	______________
6. Versuch:	______________	14. Versuch:	______________
7. Versuch:	______________	15. Versuch:	______________
8. Versuch:	______________		

Bitte ankreuzen: Übung 13 erledigt (an drei aufeinander folgenden Tagen geschafft):

O

Übung 14

Zeit: 1 Minute 30 Sekunden

Wie müssen die kompletten Sätze lauten?

Bitte vervollständigen Sie jeden Satz im Kopf während des Lesens. Es fehlen in jedem Satz zwei Wörter aus den unten stehenden zwei Listen.

Los geht's!

1. Wenn es .... ist, dann .... ich.
2. Ich habe .... im Jahr ....
3. Meine Katze .... jeden .... Mäuse.
4. Wenn ich .... habe, dann .... ich.
5. Im Herbst .... die Bäume .... Blätter.
6. Die Kinder laufen .... auf .... Eis.
7. Ostern .... es vom .... viele Eier.
8. Ich ...., damit ich mir etwas .... kann.
9. Bei unserer .... waren .... alle fröhlich.
10. Unsere .... ist das Wichtigste .... Leben.

Jeweils eins dieser Wörter fehlt im linken Teil der Sätze:

einmal
kalt
Kummer
Schlittschuh
fangen
verlieren
geben
Hochzeit
arbeiten
Gesundheit

Jeweils eins dieser Wörter fehlt im rechten Teil der Sätze:

Geburtstag
frieren
wir
dem
im
ihre
Osterhasen
weinen
leisten
Tag

Kontrolle Übung 14

Wenn Sie die Zeit von 1 Minute 30 Sekunden

an drei aufeinander folgenden Tagen geschafft haben oder sogar noch schneller waren, dann brauchen Sie diese **Übung 14** nicht mehr zu wiederholen.

Bitte tragen Sie hier jedes Mal Ihre Zeit ein.

Versuche	Zeit	Versuche	Zeit
1. Versuch:	______________	9. Versuch:	______________
2. Versuch:	______________	10. Versuch:	______________
3. Versuch:	______________	11. Versuch:	______________
4. Versuch:	______________	12. Versuch:	______________
5. Versuch:	______________	13. Versuch:	______________
6. Versuch:	______________	14. Versuch:	______________
7. Versuch:	______________	15. Versuch:	______________
8. Versuch:	______________		

Bitte ankreuzen: Übung 14 erledigt (an drei aufeinander folgenden Tagen geschafft):

O

Übung 15

Zeit: 3 Minuten

Oh weh, die mittlere und die rechte Reihe sind durcheinander geraten! Wie müssen die einzelnen Sätze heißen?

Bitte lesen Sie laut und richtig vor, wobei Sie die Wörter in der mittleren Reihe auch noch in die richtige grammatikalische Form bringen müssen.

Beispiel:
Der Kaffee schmeckt gut. (Es gibt manchmal mehrere Lösungen, eine genügt.)

Die Sonne	**weinen**	**hell**
Das Auto	**sein**	**süß**
Der Hut	**fahren**	**davon**
Der Kuchen	**halten**	**aus**
Die Mutter	**schmecken**	**schon**
Das Mädchen	**stehen**	**schnell**
Der Polizist	**scheinen**	**leer**
Der Kaffee	**bellen**	**aromatisch**
Der Nachbar	**fliegen**	**laut**
Das Haus	**gehen**	**kläglich**
Das Licht	**riechen**	**Wache**
Der Hund	**machen sich**	**Sorgen**
Das Kind	**schimpfen**	**laut**
Der Fußboden	**duftet**	**blitzeblank**
Die Blume	**sein**	**gut**

Kontrolle Übung 15

Wenn Sie die Zeit von 3 Minuten

an drei aufeinander folgenden Tagen geschafft haben oder sogar noch schneller waren, dann brauchen Sie diese **Übung 15** nicht mehr zu wiederholen.

Bitte tragen Sie hier jedes Mal Ihre Zeit ein.

Versuche	Zeit	Versuche	Zeit
1. Versuch:	______________	9. Versuch:	______________
2. Versuch:	______________	10. Versuch:	______________
3. Versuch:	______________	11. Versuch:	______________
4. Versuch:	______________	12. Versuch:	______________
5. Versuch:	______________	13. Versuch:	______________
6. Versuch:	______________	14. Versuch:	______________
7. Versuch:	______________	15. Versuch:	______________
8. Versuch:	______________		

Bitte ankreuzen: Übung 15 erledigt (an drei aufeinander folgenden Tagen geschafft):

O

Übung 16

Zeit: 1 Minute

Was reimt sich? Finden Sie zu jedem der zehn Wörter zwei weitere Wörter, die sich reimen.

Zug	**?**	**?**
Hand	**?**	**?**
Bahn	**?**	**?**
Boden	**?**	**?**
Rad	**?**	**?**
Schiff	**?**	**?**
Matte	**?**	**?**
Bein	**?**	**?**
Blatt	**?**	**?**
Hut	**?**	**?**

Kontrolle Übung 16

Wenn Sie die Zeit von 1 Minute

an drei aufeinander folgenden Tagen geschafft haben oder sogar noch schneller waren, dann brauchen Sie diese **Übung 16** nicht mehr zu wiederholen.

Bitte tragen Sie hier jedes Mal Ihre Zeit ein.

Versuche	Zeit	Versuche	Zeit
1. Versuch:	______________	9. Versuch:	______________
2. Versuch:	______________	10. Versuch:	______________
3. Versuch:	______________	11. Versuch:	______________
4. Versuch:	______________	12. Versuch:	______________
5. Versuch:	______________	13. Versuch:	______________
6. Versuch:	______________	14. Versuch:	______________
7. Versuch:	______________	15. Versuch:	______________
8. Versuch:	______________		

Bitte ankreuzen: Übung 16 erledigt (an drei aufeinander folgenden Tagen geschafft):

O

5

Kopfrechnen

- Wie gut kann ich beim Einkaufen Preise vergleichen?
- Wie gut behalte ich den Überblick bei der Kontrolle des zurückgegebenen Wechselgeldes?
- Wie gut kann ich meinen Wochenbedarf überblicken und entsprechend Geld von der Bank abholen?
- Wie gut kann ich Zeit, z. B. für das Einkaufen oder für den Arztbesuch, einplanen, ohne dass ich in Zeitnot komme?

Solche und ähnliche Fähigkeiten trainieren Sie mit diesen Übungen in vergleichbarer und ein wenig abgewandelter Form.

Übung 17

Zeit: 1 Minute 20 Sekunden

Welche Zahl ist immer um 5 kleiner als die vorherige? Es sind pro Zeile immer drei Zahlen!

Beispiel: 28, 42, 38, 33, 12 usw. Die Zahl 33 ist um 5 kleiner als die 38.

Bitte kreuzen Sie nichts an, sondern finden Sie die entsprechenden Zahlen im Kopf oder sprechen Sie sie laut aus.

1. 19, 45, 24, 27, 22, 14, 18, 13, 56, 51

2. 6, 21, 16, 89, 76, 71, 37, 24, 19, 11

3. 78, 73, 13, 47, 90, 37, 32, 89, 84, 91

4. 14, 9, 97, 25, 33, 28, 93, 88, 45, 36

5. 37, 68, 91, 86, 81, 55, 23, 18, 73, 67

Kontrolle Übung 17

Wenn Sie die Zeit von 1 Minute 20 Sekunden

an drei aufeinander folgenden Tagen geschafft haben oder sogar noch schneller waren, dann brauchen Sie diese **Übung 17** nicht mehr zu wiederholen.

Bitte tragen Sie hier jedes Mal Ihre Zeit ein.

Versuche	Zeit	Versuche	Zeit
1. Versuch:	______________	9. Versuch:	______________
2. Versuch:	______________	10. Versuch:	______________
3. Versuch:	______________	11. Versuch:	______________
4. Versuch:	______________	12. Versuch:	______________
5. Versuch:	______________	13. Versuch:	______________
6. Versuch:	______________	14. Versuch:	______________
7. Versuch:	______________	15. Versuch:	______________
8. Versuch:	______________		

Bitte ankreuzen: Übung 17 erledigt (an drei aufeinander folgenden Tagen geschafft):

O

Übung 18

Zeit: 40 Sekunden

Da hat doch jemand etwas ausgerechnet, aber dabei eine Zahl vergessen zu schreiben. Wie lautet die Zahl, die in jeder Rechenaufgabe fehlt?

Suchen Sie diese nur im Kopf, bitte nichts auf die Seite schreiben.

Punktrechnung geht vor Strichrechnung!

$$8 : 4 + 2 - ? = 3$$

$$10 : 2 - 2 + ? = 4$$

$$6 : 2 - ? + 4 = 5$$

$$4 : 1 + 1 + ? = 8$$

$$2 : 2 + ? - 1 = 3$$

Kontrolle Übung 18

Wenn Sie die Zeit von 40 Sekunden

an drei aufeinander folgenden Tagen geschafft haben oder sogar noch schneller waren, dann brauchen Sie diese **Übung 18** nicht mehr zu wiederholen.

Bitte tragen Sie hier jedes Mal Ihre Zeit ein.

Versuche	Zeit	Versuche	Zeit
1. Versuch:	______________	9. Versuch:	______________
2. Versuch:	______________	10. Versuch:	______________
3. Versuch:	______________	11. Versuch:	______________
4. Versuch:	______________	12. Versuch:	______________
5. Versuch:	______________	13. Versuch:	______________
6. Versuch:	______________	14. Versuch:	______________
7. Versuch:	______________	15. Versuch:	______________
8. Versuch:	______________		

Bitte ankreuzen: Übung 18 erledigt (an drei aufeinander folgenden Tagen geschafft):

O

Übung 19

Zeit: 8 Minuten

Da hat doch jemand etwas ausgerechnet, aber wie? Die Zeichen zwischen den Zahlen fehlen! Hat er nun zusammengezählt, abgezogen, malgenommen oder geteilt?

Finden Sie heraus, welche Zeichen fehlen. Schreiben Sie aber nichts auf die Seite, sondern finden Sie die Lösung nur im Kopf.

Achtung: Punktrechnung geht vor Strichrechnung (siehe zweites Beispiel)!

1. Beispiel:
2 5 9 1 = 2
Die Lösung lautet: 2 · 5 – 9 + 1 = 2
denn 2 · 5 = 10, 10 – 9 = 1, 1 + 1 = 2

2. Beispiel:
4 2 3 2 = 12
Die Lösung lautet: 4 + 2 · 3 + 2 = 12
denn 2 · 3 = 6, 4 + 6 = 10, 10 + 2 = 12

6	2	3	2	=	10
3	1	1	2	=	6
8	4	5	2	=	9
1	4	9	3	=	2
2	4	2	2	=	12
8	2	2	2	=	0
8	8	1	2	=	2
2	2	2	5	=	3

Kontrolle Übung 19

Wenn Sie die Zeit von 8 Minuten

an drei aufeinander folgenden Tagen geschafft haben oder sogar noch schneller waren, dann brauchen Sie diese **Übung 19** nicht mehr zu wiederholen.

Bitte tragen Sie hier jedes Mal Ihre Zeit ein.

Versuche	Zeit	Versuche	Zeit
1. Versuch:	______________	9. Versuch:	______________
2. Versuch:	______________	10. Versuch:	______________
3. Versuch:	______________	11. Versuch:	______________
4. Versuch:	______________	12. Versuch:	______________
5. Versuch:	______________	13. Versuch:	______________
6. Versuch:	______________	14. Versuch:	______________
7. Versuch:	______________	15. Versuch:	______________
8. Versuch:	______________		

Bitte ankreuzen: Übung 19 erledigt (an drei aufeinander folgenden Tagen geschafft):

O

Übung 20

Zeit: 3 Minuten

Bitte zählen Sie von 1 bis 100 in Vierergruppen. Jede nächste Vierergruppe ist jeweils um eine Zahl in Richtung 100 verschoben.

Die Übung ist zu Ende, wenn Sie als letzte Vierergruppe „97, 98, 99, 100“ gezählt haben.

Beispiel:

1, 2, 3, 4
2, 3, 4, 5
3, 4, 5, 6
4, 5, 6, 7
5, 6, 7, 8

Kontrolle Übung 20

Wenn Sie die Zeit von 3 Minuten

an drei aufeinander folgenden Tagen geschafft haben oder sogar noch schneller waren, dann brauchen Sie diese **Übung 20** nicht mehr zu wiederholen.

Bitte tragen Sie hier jedes Mal Ihre Zeit ein.

Versuche	Zeit	Versuche	Zeit
1. Versuch:	______________	9. Versuch:	______________
2. Versuch:	______________	10. Versuch:	______________
3. Versuch:	______________	11. Versuch:	______________
4. Versuch:	______________	12. Versuch:	______________
5. Versuch:	______________	13. Versuch:	______________
6. Versuch:	______________	14. Versuch:	______________
7. Versuch:	______________	15. Versuch:	______________
8. Versuch:	______________		

Bitte ankreuzen: Übung 20 erledigt (an drei aufeinander folgenden Tagen geschafft):

O

Lösungen für die Stufe GRÜN

(Für manche Übungen brauchen keine Lösungen angegeben werden.)

Übung 2

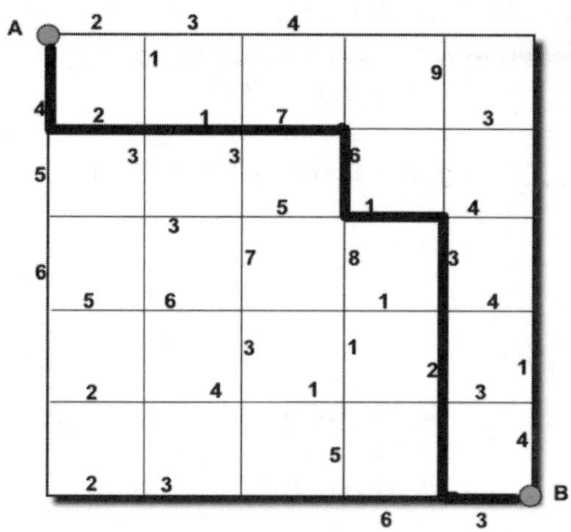

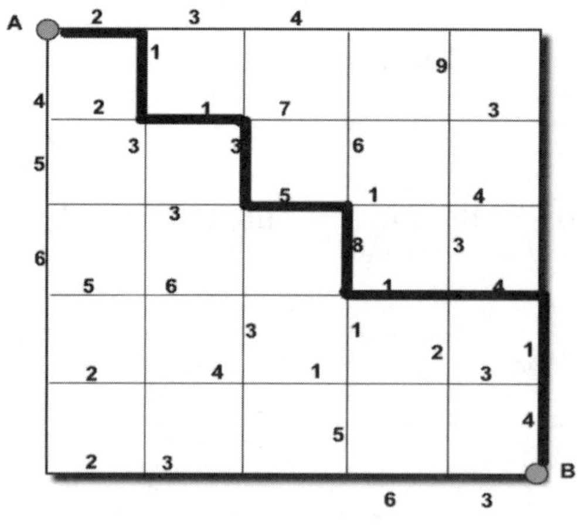

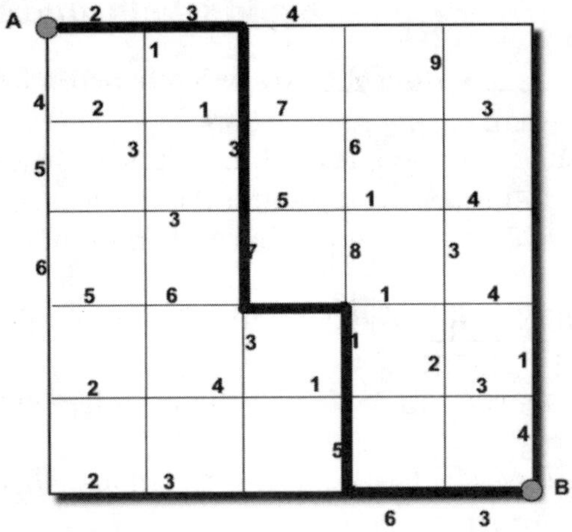

Übung 3

Quadrat: 1 + 2 + 4
Kreis: 1 + 3 + 4
Dreieck: 2 + 3 + 4

Übung 5

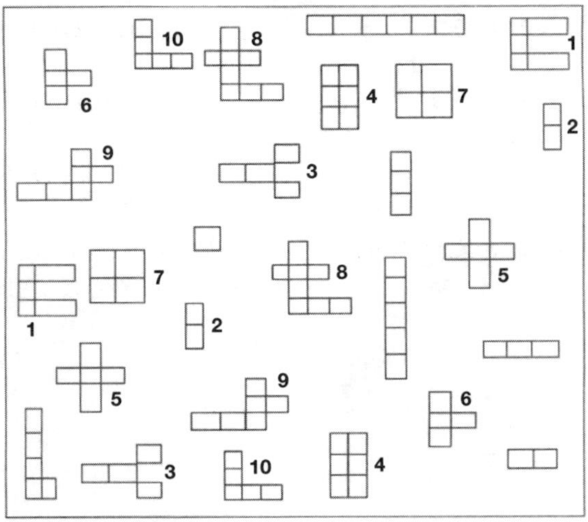

Übung 7

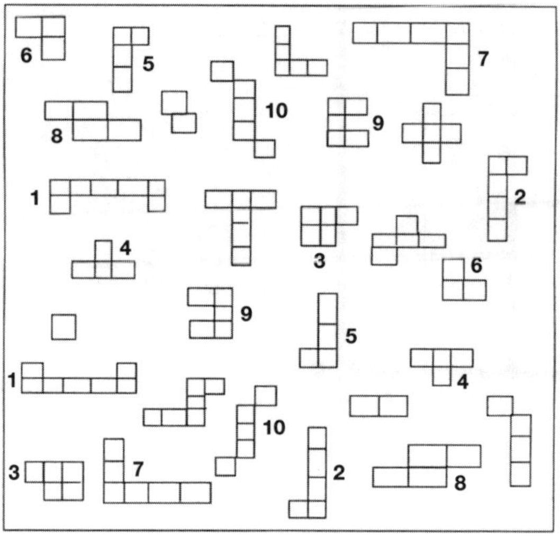

Übung 11

E 1 DR 13 F 5 ZW 20

S 6 N 9

VI 14 ZW 12 D 3 8 A

SE 16 AC 18

NE 19

FÜ 15 V S 7

10 ZE EL 11

SI 17 Z 2

Übung 12

Ubouf	=	Tante	Lpqg	=	Kopf
Ibvt	=	Haus	Cbe	=	Bad
Pnb	=	Oma	Cvdi	=	Buch
Ljtuf	=	Kiste	Tuvim	=	Stuhl
Cjme	=	Bild	Mpdi	=	Loch
Tff	=	See	Gsbv	=	Frau
Xjftf	=	Wiese	Tqjfm	=	Spiel
Gmbtdif	=	Flasche			

Übung 16

Zug = Klug, Krug
Bahn = Hahn, Zahn
Rad = Stadt, Bad
Matte = Latte, Ratte
Blatt = Glatt, Platt
Hand = Wand, Rand
Boden = Roden, Loden
Schiff = Riff, Kliff
Bein = Rhein, Mein
Hut = Wut, Gut

Übung 17

1.	19, 45, 24, (27, 22,) 14, (18, 13,) (56, 51)
2.	6, (21, 16,) 89, (76, 71,) 37, (24, 19,) 11
3.	(78, 73,) 13, 47, 90, (37, 32,) (89, 84,) 91
4.	(14, 9,) 97, 25, (33, 28,) (93, 88,) 45, 36
5.	37, 68, (91, (86,) 81,) 55, (23, 18,) 73, 67

Übung 18

$8 : 4 + 2 - 1 = 3$

$10 : 2 - 2 + 1 = 4$

$6 : 2 - 2 + 4 = 5$

$4 : 1 + 1 + 3 = 8$

$2 : 2 + 3 - 1 = 3$

Übung 19

$6 - 2 + 3 \cdot 2 = 10$

$3 \cdot 1 + 1 + 2 = 6$

$8 : 4 + 5 + 2 = 9$

$1 + 4 - 9 : 3 = 2$

$2 \cdot 4 + 2 + 2 = 12$

$8 : 2 - 2 - 2 = 0$

$8 - 8 + 1 \cdot 2 = 2$
oder
$8 - 8 \cdot 1 + 2 = 2$

$2 \cdot 2 \cdot 2 - 5 = 3$

GEDÄCHTNISTRAINING

1. Lerntypen und Wortpaare

Lerntypen

Wenn Sie einmal Ihre Mitmenschen befragen, wie sie lernen, werden Sie eine große Anzahl verschiedener Antworten bekommen. Der eine sagt Ihnen: „Ich kann das gut behalten, was ich höre." Der Nächste wird vielleicht sagen: „Wenn ich etwas schreibe und mir dabei noch darüber Gedanken mache, dann funktioniert mein Gedächtnis sehr gut." Wieder ein anderer lernt vielleicht dann am besten, wenn er etwas sieht, usw. Und auf irgendeine Weise werden Sie ebenfalls den zu lernenden Stoff am besten behalten. Denken Sie einmal kurz darüber nach.

Wenn wir nun die Antworten Ihrer Mitmenschen systematisch einordnen, dann ergibt sich folgende Tabelle:

Wir behalten oder nehmen auf:

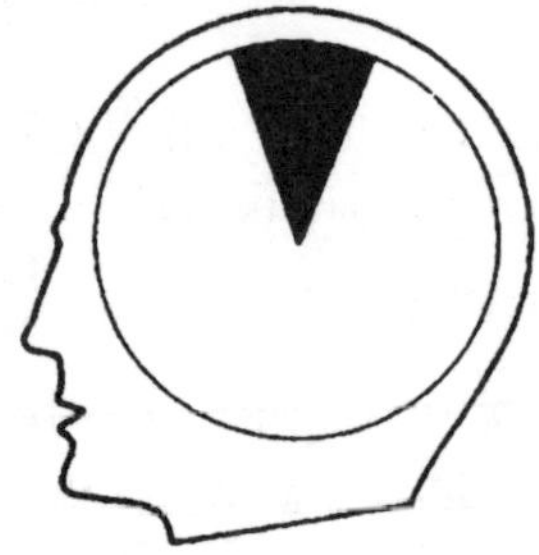

10 % von dem, was wir lesen

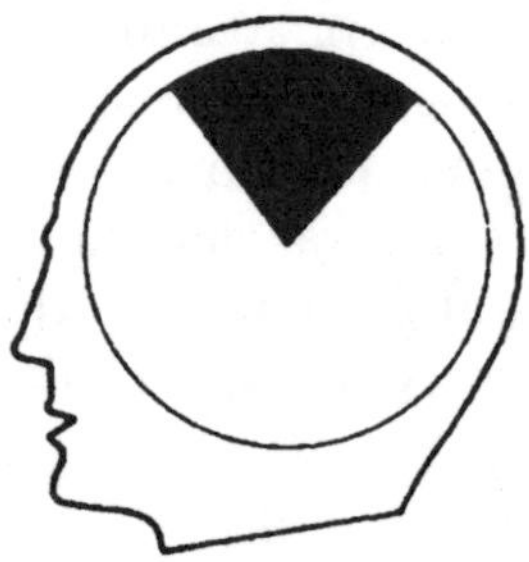

20 % von dem, was wir hören

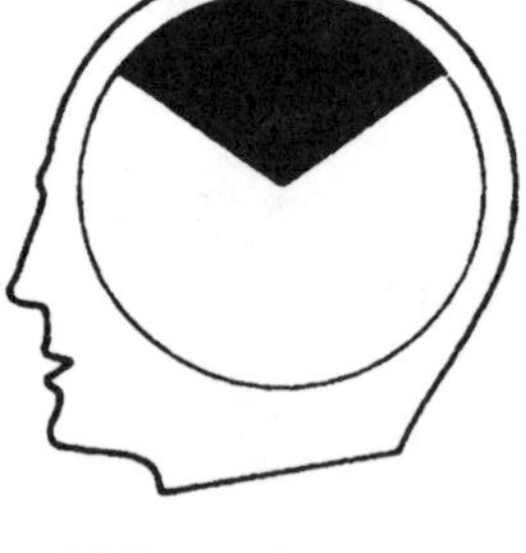

30 % von dem, was wir sehen

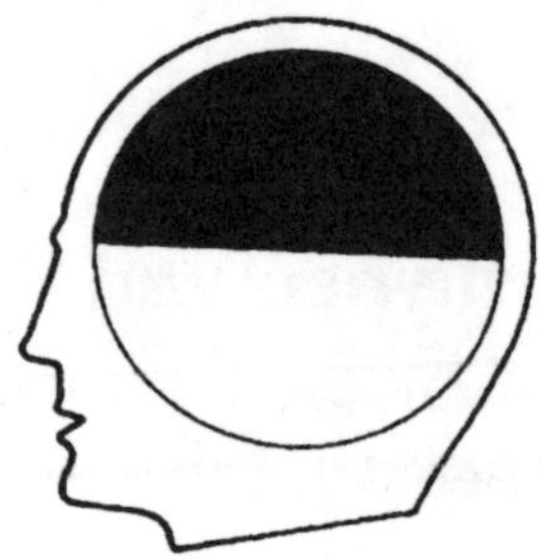

50 % von dem, was wir hören und sehen

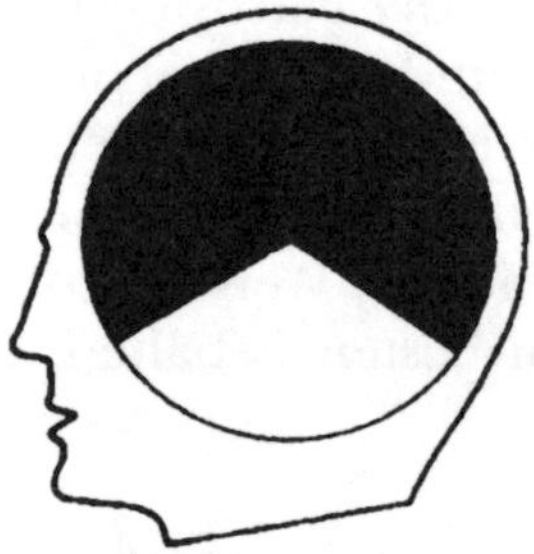

70 % von dem, was wir selbst sagen

90 % von dem, was wir selbst tun

Warum Sie so verschieden gut behalten, lässt sich sehr einfach erklären. Wenn Sie etwas lesen, dann nehmen Sie ein abstraktes Schriftbild auf. Hören Sie etwas, so nehmen Sie ein abstraktes Klangbild auf. Hierbei ist das Schriftbild starr und unbeweglich, im Klangbild liegt aber normalerweise noch ein etwas abwechslungsreicher Ton. Da dieser auch noch mit einer sich bewegenden Person (dem Vortragenden) verbunden ist, fällt es Ihnen leichter, das Gehörte zu behalten.

Wenn Sie etwas sehen, dann fällt Ihnen das Behalten noch leichter, denn das, was Sie sehen, ist nicht mehr ein abstraktes Schriftbild, sondern ein plastischer, konkreter, bewegter Ablauf.

Beim Hören und Sehen arbeiten Sie mit zwei Eingangskanälen (Auge und Ohr), also reizen Sie auch einen weitaus größeren Bereich Ihres Gedächtnisses. Wenn Sie aber selbst etwas sagen, dann sind das normalerweise Dinge, die Sie durchdacht haben, die Ihnen klar sind und die deshalb Ihrem Gedächtnis leicht fallen. Wenn Sie darüber hinaus sogar selbst etwas tun, dann hören und sehen Sie das, was Sie tun. Ihre Motorik wirkt mit, Sie sind hochaktiv, und damit ist es Ihr Gedächtnis ebenfalls. Nun ist das Gedächtnis aber auch sehr stark vom Verständnis dessen abhängig, was der Mensch lernt. Verstehe ich einen Sachverhalt nicht, dann werde ich auch Schwierigkeiten haben, ihn zu behalten. Verstehe ich ihn gut, dann hat es mein Gedächtnis hingegen recht leicht, Informationen aufzunehmen.

Lässt man das Verständnis einer Sache mit in unsere Prozenttabelle über das Lernen einfließen, dann ergeben sich folgende vier Lerntypen:

1. Der abstrakt-verbale Lerntyp

Er versteht dann am besten, wenn ihm eine Sache kompliziert, abstrakt formelhaft erklärt wird. Das kann entweder schriftlich oder mündlich geschehen. Obwohl er dann nur etwa zehn bis

20 Prozent seines Gedächtnisses ausnutzt, kann er auf diese Art dennoch am besten behalten, weil hier sein Verständnis am größten ist.

2. Der anschauliche Lerntyp

Er versteht und behält am besten, wenn er in anschaulicher, plastischer Form das sieht, was er behalten soll. Das kann durch einen gezeigten Versuch, ein Modell oder einen vorgefertigten Film geschehen. Auch anschauliche Bilder und Grafiken helfen ihm. Bei diesem Lerntyp treffen also die 30 Prozent unserer Tabelle mit einem hohen Verständnis um die Dinge zusammen.

3. Der haptische Lerntyp

Dieser Lerntyp muss sich an die Information, die er aufnehmen will, emotional binden. Das erreicht er durch Anfassen (*haptere* [lat.] = anfassen), Fühlen, Riechen oder Schmecken. Hier werden also außer dem Auge noch weitere Eingangskanäle wie Geruchssinn, Geschmackssinn und Tastsinn benutzt. Gleichzeitig herrscht ein sehr hohes Verständnis vor.

4. Der praktische Lerntyp

Er macht selbst Experimente mit den Dingen, für die er Verständnis gewinnen will, um sie ins Gedächtnis aufzunehmen. Hier haben wir das 90-prozentige Behalten von dem, was man selbst tut, gepaart mit einem sehr guten Verständnis.

Damit Ihnen diese vier Lerntypen noch klarer werden, soll an dieser Stelle ein physikalisches Phänomen erklärt werden, nämlich die Entstehung des Drucks. Es handelt sich dabei immer um das gleiche Phänomen, nur werde ich es auf vier verschiedene Arten erklären, und zwar bezogen auf die Lerntypen 1, 2, 3 und 4.

Abstrakt-verbaler Lerntyp:

Er hört oder liest Folgendes:

Bei gleicher Kraft und unterschiedlicher Auflagefläche entstehen unterschiedliche Drücke. Hierbei ist der Druck gegenproportional der Fläche, und das bedeutet: $P = F/A$

Anschaulicher Lerntyp:

Er schaut sich in einem Film den folgenden Versuch an:

Zwei gleich schwere Personen (ein Mann und eine Frau) stehen auf einem weichen Untergrund. Der Mann hat breite Absätze an seinen Schuhen, die Frau hat spitze, dünne Absätze. Kurze Zeit darauf stellt man fest: Die Abdrücke der Frau sind wesentlich tiefer. Warum das so ist, leuchtet dem anschaulichen Lerntyp schnell und einfach ein.

Haptischer Lerntyp:

Unter jeweils gleicher Kraftaufwendung probiert er Folgendes aus:

Zuerst drückt er mit dem Finger auf die stumpfe Rückseite eines Bleistiftes, dann mit der gleichen Kraft auf die Spitze der Vorderseite. Hier erlebt er das Phänomen „Druck" einmal als sanften Druck und einmal als Schmerz, und das bleibt haften! Er hat sich emotional gebunden.

Praktischer Lerntyp:

Dieser Typ macht das folgende Experiment:

Er schlägt zwei Nägel in ein Stück Holz. Beim ersten Mal mit der Spitze voraus und beim zweiten Mal mit dem Kopf voraus. Dass der Nagel beim zweiten Mal nicht in das Stück Holz eindringt, merkt er sehr schnell und versteht auch, warum.

Es gibt etwa 5 bis 10 Prozent abstrakt verbaler Lerntypen. Die restlichen 90 bis 95 Prozent verteilen sich auf die Typen anschaulich, haptisch und praktisch. Kurioserweise wird aber der größte Teil der Informationen, die Menschen untereinander mitteilen, sehr abstrakt und verbal oder schriftbildlich weitergegeben. Das liegt daran, dass alle anderen Möglichkeiten zu aufwändig und kostspielig sind. Die wenigen Lehrfilme und Versuchslabors in Schulen z. B. sind bislang nur ein Tropfen auf den heißen Stein. Was können Sie also tun, wenn Sie zu den 90 Prozent der nicht abstrakten Lerntypen gehören und automatisch benachteiligt sind, wenn Ihnen viele Fakten abstrakt dargeboten werden? Nun, Sie können nicht verlangen, dass das Angebot geändert wird. Also bleibt Ihnen nichts anderes übrig, als abstrakte Inhalte für Ihren eigenen Lerntyp entsprechend abzuändern. Und das sollen Sie in diesem Buch systematisch lernen.

Wortpaare: die ersten Grundübungen

Sie haben die Aufgabe, sich die folgenden zwei Wortpaare zu merken. Wenn ich Sie frage, was bei dem Wort „Mann“ steht, dann müssen Sie wissen: Maus. Frage ich umgekehrt, was bei dem Wort „Maus“ steht, dann müssen Sie wissen: Mann. Sie müssen also dieses Wortpaar in beide Richtungen abrufen können, so wie Sie es ja auch bei Vokabeln tun.

Mann – Maus
Lampe – Bleistift

Das Schriftbild dieser beiden Wörter ist abstrakt. Der Inhalt aber, der hinter diesen beiden Wörtern steckt, ist anschaulich. Damit haben wir schon eine Möglichkeit, abstrakte Informationen ins Anschauliche zu übersetzen. Bitte stellen Sie sich einmal mit geschlossenen Augen vor, wie ein Mann eine Maus füttert. Hierbei müssen Sie dieses Bild tatsächlich sehen, es genügt nicht, wenn Sie nur daran denken. Wenn Sie nun dieses Bild tatsächlich vor Ihrem geistigen Auge gesehen haben, dann geschieht in Ihrem Gedächtnis Folgendes:

Denken Sie an das Wort „Mann", so taucht vor Ihrem geistigen Auge sofort wieder das Bild auf, wie ein Mann eine Maus füttert, und damit kennen Sie bereits das dazugehörige Wort. Denken Sie umgekehrt an das Wort „Maus", so passiert das Gleiche, nur eben umgekehrt. Bitte probieren Sie dieses Prinzip jetzt an der Kombination „Lampe – Bleistift" aus. Sie können sich z. B. vorstellen, wie Sie mit einem Bleistift eine Lampe zeichnen.

An dieser Stelle beginnen wir nun mit systematischen Übungen. Bitte stellen Sie sich in Übung 1 für jedes Wortpaar ein Bild vor und machen Sie anschließend die Probe. Dabei decken Sie zuerst die rechte Hälfte der Übung zu und versuchen sich mithilfe Ihrer Bilder an die zugedeckte Seite zu erinnern. Anschließend decken Sie die linke Hälfte zu und machen die Probe umgekehrt. Auf diese Art und Weise werden Sie in der Lage sein, sich an die meisten Wörter zu erinnern. Nur eines

dürfen Sie nicht tun, nämlich die gesamte Übung zudecken, denn vorläufig brauchen Sie noch entweder den linken oder den rechten Begriff als Schlüsselwort (wie auch bei Vokabeln). Die neben den einzelnen Übungen angegebenen Zeiten (in Minuten) sind Richtzeiten und keine Fixzeiten. D. h., Sie können mit „sportlichem Ehrgeiz“ versuchen, innerhalb dieser Zeiten die jeweilige Übung zu behalten. Wenn Sie das schaffen, dann besitzen Sie auf dem jeweils gerade trainierten Gebiet ein mindestens viermal so gutes Gedächtnis, verglichen mit dem Durchschnittsgedächtnis Ihrer Mitmenschen. Wenn es Sie aber stört, dann brauchen Sie sich niemals an diese Richtzeiten zu halten.

Bitte machen Sie jetzt die Übung 1.

Übung 1

Wortpaare, 10 Wörter – 1 Minute

Papier – Suppe
Hase – Sand
Baum – Hose
Mantel – Bürste
Schiff – Schrank

Sie haben immer drei Möglichkeiten

Wenn unsere Methode brauchbar sein soll, dann muss sie die drei Lerntypen – anschaulich, haptisch und praktisch – erfassen und unterstützen können. Damit uns das gelingt, müssen Sie die Bilder auf folgende Art und Weise aufbauen:

1. Sie sehen vor Ihrem geistigen Auge ein Bild. Z. B. Schiff – Schrank: Auf dem neuen Schrank steht ein kleines Schiff (anschauliche Darstellung).
2. Sie binden sich gefühlsmäßig an Ihr Bild. Z. B. Schiff – Schrank: Sie ärgern sich, weil das Schiff den neuen Schrank verkratzt (haptische Darstellung).
3. Ihre eigene Person ist mit in Ihr Bild einbezogen. Z. B. „Schiff – Schrank“: Sie selbst stellen vor Ihrem geistigen Auge das Schiff auf den Schrank (praktische Darstellung).

Welche der drei Möglichkeiten Sie nehmen, bleibt Ihnen überlassen. Sie nehmen immer die Art von Bild, die Ihnen am leichtesten fällt. Damit ist Ihrem Lerntyp bereits Genüge getan. Da Sie aber niemals nur einem Lerntyp ausschließlich zuzuordnen sind, sondern lediglich ein bestimmter Lerntyp neben anderen dominiert, werden Sie einmal ein solches und einmal ein anderes Bild aufbauen. Wenn Sie aber nach ca. 100 Bildern nachzählen, wie viele Bilder Sie von der einen oder anderen Art zu Hilfe genommen haben, dann wissen Sie auch, welcher Lerntyp bei Ihnen der dominierende ist.

Bitte üben Sie jetzt das Bilderverknüpfen (Assoziieren) mit Übung 2.

Übung 2

Wortpaare, 20 Wörter – 2 Minuten

Ring	– Kanne	Knochen	– Heft
Geige	– Sack	Fleisch	– Flugzeug
Buch	– Vogel	Schaf	– Gitarre
Auge	– Wasser	Holz	– Schere
Bleistift	– Beutel		
Reifen	– Krug		

Typische Fehler

Vielleicht haben Sie in Übung 2 die Gitarre mit der Geige oder den Sack mit dem Beutel verwechselt. Wenn ja, dann lag das daran, dass Ihre Bilder nicht klar genug waren. Wenn Sie sich bei „Geige“ lediglich ein Saiteninstrument vorstellen und das auch noch ziemlich verschwommen, dann bleibt eine Verwechslung mit der Gitarre nicht aus. Sie müssen deshalb lernen, präziser zu assoziieren, nämlich so, wie die einzelnen Gegenstände auch tatsächlich aussehen. Sie können sich z. B. einen Sack als groben, grauen Kartoffelsack vorstellen im Unterschied zu einem Beutel, der sich vielleicht als lederner Tabaksbeutel darstellen ließe.

Bitte überlegen Sie sich einmal zur Übung fünf ähnliche Begriffspaare (z. B. Tischdecke – Tischtuch; Bach – Fluss; Wald – Forst) und denken Sie darüber nach, wo zwischen diesen Begriffen der Unterschied besteht und wie dieser Unterschied in Ihrem Bild deutlich sichtbar werden kann. Nur so beginnen Sie, Verwechslungen zu vermeiden.

Ein weiterer Fehler besteht darin, dass Sie außer den eigentlichen Begriffen, die Sie behalten wollen, noch fremde Informationen mit in das Bild hineinbringen. Z. B. könnten Sie sich fälschlicherweise vorstellen: Ring – Kanne; ich nehme von einem Stuhl einen Ring und befestige diesen mit einer Zange und einem Hammer an der Kanne. Wenn Sie diese Assoziation später wieder abrufen, dann befinden sich in Ihrem Bild fünf Informationen, Ring, Stuhl, Zange, Hammer, Kanne. Im Moment werden Sie zwar aufgrund Ihres natürlichen Gedächtnisses (das ist das Gedächtnis, das Sie bis jetzt immer ohne Methode eingesetzt haben) wissen, dass Stuhl, Hammer und Zange nur Hilfsmittel waren, um Ihr Bild auszudrücken. Aber in zwei bis drei Tagen, wenn das natürliche Gedächtnis seine Information verloren hat, dann stehen Sie vor einem Bild mit fünf Begriffen und können nur noch raten. Deshalb also die Regel: Lassen Sie alle fremden Eindrücke aus Ihrem Bild heraus.

Außer diesen zwei beschriebenen typischen Fehlern gibt es noch einen weiteren, der aber nicht so häufig vorkommt. Z. B. bei der Kombination „Ring – Kanne“ wird oft gesagt: Ich stelle mir vor, dass der Ring in der Kanne ist. Bei diesem Bild handelt es sich um eine so genannte Negativ-Assoziation, denn wenn Sie sich vorstellen, dass der Ring in der Kanne ist, dann sehen Sie ja nur die Kanne und nicht mehr den Ring und folglich können Sie auch nur noch raten, was Ihnen das Bild außer der Kanne noch mitteilen sollte. Deshalb achten Sie bitte darauf, dass Sie die beiden Wörter, die Sie behalten wollen, auch tatsächlich in Ihrem Bild sehen.

Bitte machen Sie jetzt die Übung 3.

Übung 3

Wortpaare, 40 Wörter – 5 Minuten

Album	–	Apfel	Kanne	–	Papier
Geld	–	Hügel	Karre	–	Farbe
Seil	–	Kaffee	Birne	–	Tisch
Gemüse	–	Dach	Kuss	–	Handtuch
Ente	–	Wecker	Zettel	–	Getränk
Sonne	–	Himmel	Blatt	–	Karton
Sicherung	–	Whisky	Kreide	–	Rakete
Kanone	–	Berg	Milch	–	Stuhl
Band	–	Pinsel	Auto	–	Bank
Katze	–	Kamm	Foto	–	Salat

Generalprobe

Sie haben sicher bemerkt, dass in Übung 3 noch einmal eine Reihe ähnlicher Begriffe zusammengestellt war. Wenn Sie aber hier meinen Rat befolgt haben, dann war diese Übung für Sie keine Schwierigkeit mehr.

Nun zu der letzten Übung in diesem Kapitel, mit der wir den Bereich der Grundübungen abschließen. Diesmal sollten Sie die Zeit von 8 Minuten präzise einhalten. Wenn Sie nach Ablauf dieser 8 Minuten von den 60 Wörtern mindestens 50 behalten haben, dann war dieses Kapitel für Sie ein großer Erfolg.

Bitte machen Sie jetzt die Übung 4.

Übung 4

Wortpaare, 60 Wörter – 8 Minuten

Bank – Beil	Förster – Küste
Handschuh – Zwerg	Bürgersteig – Geldbörse
Radiergummi – Leiter	Tresor – Tresor
Esel – Rasen	Fenster – Schild
Gatter – Blume	Polizist – Kopf
Zement – Eisen	Schuh – Gardine
Abendrot – Tante	Salz – Teilchen
Stoß – Badewanne	Tasche – Staub
Magen – Kaugummi	Kissen – Schwimmbecken
Bruder – Fahne	Plakat – Flasche
Fußball – Messer	Eimer – Teppich
Boot – Zeppelin	Lampe – Wolkenkratzer
Teller – Flagge	Sturm – Strand
Netz – Weg	Nagel – Besen
Spiel – Busen	
Wimpel – Tee	

Frageseite

1. Welche vier Lerntypen gibt es?
2. Wie behalten Sie Wortpaare?
3. Welche drei Möglichkeiten haben Sie, Bilder zu verknüpfen?
4. Nennen Sie die drei typischen Fehler beim Assoziieren.

Antwortseite

1. a) Abstrakt-verbal (nimmt formelhaft auf und hat dabei das größte Verständnis)
   b) Anschaulich (sieht Bilder, Modelle oder Filme)
   c) Haptisch (bindet sich gefühlsmäßig durch Riechen, Schmecken oder Fühlen)
   d) Praktisch (macht selbst Experimente)
   (Wenn falsche Antwort: Abschnitt A)
2. Ich verknüpfe Wortpaare in einem Bild.
   (Wenn falsch: Abschnitt B)
3. a) Nur sehen
   b) Emotionen an das Bild binden
   c) Selbst im Bild aktiv sein
   (Wenn falsch: Abschnitt C)
4. a) Ähnliche Begriffe werden leicht verwechselt.
   b) Es dürfen keine fremden Informationen ins Bild.
   c) Bauen Sie keine Negativ-Assoziation auf.
   (Wenn falsch: Abschnitt D)

Ideenliste

Die einzelnen Ideen sind immer in der Reihenfolge der entsprechenden Übungen des vorangegangenen Kapitels aufgelistet.

Übung 1

Ein Stück Papier schwimmt in der Suppe.
Ein Hase sitzt im Sand.
An einem Baum hängt eine Hose.
Mit der Bürste bürste ich den Mantel sauber.
Auf einem Schrank steht ein Modellschiff.

Übung 2

Ein Ring fällt in eine Kanne.
Eine Geige wird in den Sack eingepackt.
Ein Vogel sitzt auf einem Buch.
Ich wasche mir die Augen mit Wasser.
Mit einem Bleistift notiere ich etwas auf den Beutel.
Der Reifen rollt über einen Krug.
In meinem Heft liegt ein Knochen.
In einem Flugzeug wird Fleisch transportiert.
Ein Schaf hat auf dem Rücken eine Gitarre festgebunden.
Eine Schere steche ich in ein Stück Holz.

Übung 3

Ich male einen Apfel in ein Album.
Auf einem Hügel finde ich Geld.
Ein Stück Seil hängt in den Kaffee hinein.
Auf dem Dach wächst Gemüse.
Die Ente hat einen Wecker umhängen.

Die Sonne scheint vom Himmel.
Über eine elektrische Sicherung schütte ich Whisky.
Mit einer Kanone schieße ich gegen einen Berg.
Mit einem Pinsel bemale ich ein Band.
Ich kämme die Katze mit einem Kamm.
Ich stecke ein Stück Papier in eine Kanne.
Die Karre wird mit Farbe angestrichen.
Einige Birnen liegen auf dem Tisch.
Ich wische mir mit dem Handtuch einen Kuss weg.
Ein Zettel fällt mir in mein Getränk.
Ein verwelktes Blatt liegt auf einem Karton.
Mit Kreide male ich eine Rakete.
Ich verschütte Milch auf einen Stuhl.
Ein Auto fährt gegen eine Bank.
Ich mache ein Foto von einem preisgekrönten Salat.

Übung 4

Ich zerhacke die Bank mit einem Beil.
Ein Zwerg hat Handschuhe an.
Ein Radiergummi fällt eine Leiter hinunter.
Ein Esel zertrampelt mir den Rasen.
Eine schöne Blume ist auf ein Gatter gemalt.
Ein Stück Eisen steckt in einer Tüte Zement.
Die Tante geht im Abendrot spazieren.
Ein wasserscheuer Junge bekommt einen Stoß und fällt in die Badewanne.
Ich verderbe mir den Magen mit Kaugummi.
Mein Bruder schwenkt eine Fahne.
Ich zerschneide den Fußball mit einem Messer.
Ich sehe den Zeppelin von einem Boot aus.
Ich lege eine Flagge auf einen Teller.
Ich gehe einen Weg entlang und laufe gegen ein Netz.
Ein kleines Kind spielt mit dem Busen der Mutter.
Ich verschütte Tee auf einen dreieckigen Wimpel.

Der Förster geht an der Küste auf Jagd.
Ich finde auf dem Bürgersteig eine Geldbörse.
Ich sehe in einem Raum zweimal den gleichen Tresor.
In einem Fenster hängt ein Schild.
Ein Polizist hat sich am Kopf verletzt.
Hinter der Gardine stehen zwei Schuhe.
Auf ein süßes Teilchen streue ich Salz.
Ich wische Staub von meiner Tasche weg.
In einem Schwimmbecken schwimmt ein Kissen.
Auf einem Plakat ist eine wunderschöne Flasche zu sehen.
Ich stoße einen Eimer auf den Teppich um.
An einem Wolkenkratzer wird eine Lampe befestigt.
Am Strand vertreibt ein Sturm die Gäste.
Mit einem Nagel muss ich den zerbrochenen Besen zusammennageln.

2. Personennamen, Namen aller Art

Personennamen

Wenn Sie mit dem assoziativen Gedächtnis Personennamen behalten wollen, dann müssen Sie natürlich auch hier in der Lage sein, sich Bilder vorzustellen. Nun werden Sie sagen: „Was soll ich mir denn unter Namen vorstellen, die sind doch meistens abstrakt?“ Das stimmt, aber wenn Sie nach einem bestimmten System vorgehen, dann lassen sich Namen dennoch assoziieren.

Alle Namen lassen sich grundsätzlich in vier Gruppen aufteilen.

1. Müller, Schuster, Nagel

Diese Gruppe ist konkret, denn unter den ersten beiden können Sie sich einen Beruf vorstellen, und Nagel ist ein einfaches Hauptwort wie Tisch und Stuhl.

2. Baumgarten, Waldmann, Vorfeld

Auch diese Namen sind konkret, denn Baumgarten schlüsseln Sie auf in Baum und Garten, Waldmann in Wald und Mann und Vorfeld in vor und Feld.

Unter diese Gruppen 1 und 2 fallen etwa 40 Prozent der deutschen Namen, und da sie sich gut vorstellen lassen, machen sie keine großen Schwierigkeiten. Etwas anders sieht die Sache bei den letzten beiden Gruppen aus.

3. Kanner, Kleier, Flamm

Diese Namen lassen sich in ihrer ursprünglichen Form nicht assoziieren. Es geht erst dann, wenn Sie aus „Kanner“ das Wort

„Kanne“ machen, aus „Kleier“ den Begriff „Kleie“ usw. Die dritte Gruppe besteht also aus Namen, die sich meist nur durch einen Buchstaben von konkreten assoziierbaren Begriffen unterscheiden. Deshalb wandeln Sie solche Namen einfach geringfügig in gut vorstellbare Begriffe um.

Schwieriger wird die Sache allerdings bei der vierten Gruppe von Namen. Das sind Namen wie:

4. Behrend, Juraszcec, Tuschec

Bei diesen Namen müssen Sie Ihre Fantasie etwas spielen lassen und sich ähnlich klingende konkrete Begriffe dazu ausdenken.

z. B. Behrend = ein Bär rennt
oder Juraszcec = Jura-Studium und Scheck
oder Tuschec = der Tusch und die Ecke

Vielleicht finden Sie solche Umwandlungen am Anfang noch ein bisschen schwierig, aber es geht nach etwas Übung relativ leicht.

An dieser Stelle möchte ich Ihnen einige Namen der dritten und vierten Gruppe zeigen, zu denen ich bereits ähnlich klingende assoziierbare Begriffe gefunden habe. Sie werden sehen, dass vorher schwierig zu behaltende Namen plötzlich leicht werden. Links steht immer der Name selbst und rechts ist der assoziierbare, vorstellbare Begriff aufgeführt.

Namen der dritten Gruppe:

Bardt	–	Bart
Floss	–	Flosse
Harth	–	Hart
Weppen	–	Wappen
Seidel	–	Seide

Monheim	–	Mohn(blume) und Heim
Lenk	–	Gelenk oder Lenker
Döbel	–	Dübel
Krupp	–	Stahlwerk Krupp
Leyer	–	Leier(kasten)
Köster	–	Küster (isst köstliche Speisen)
Kahlen	–	Kahl
Erser	–	Erster
Weiler	–	(Eile mit) Weile oder (Lange)weile
Giere	–	Gier
Simons	–	Fa. Siemens
Flesch	–	engl. *flesh* (= Fleisch) oder *flash* (= Blitz)
Wiegel	–	Wiege
Kerkmann	–	Kerker und Mann
Beck	–	Becks-Bier oder Becken
Füssel	–	Fussel
Rusche	–	Rutsche

Namen der vierten Gruppe:

Siedelhotten	–	siedeln und Hotten(totten)
Grandi	–	Ghandi oder grantig
Mathai	–	Mathe(matik) und Hai
Angenent	–	angenehm
Janusch	–	ja und nuscheln
Klakow	–	Klack! und Kopf oder Koffer
Niedzilla	–	niedlich und Villa
Kenden	–	Kendeo (jap. Kampfart mit Schwertern)
Vondenhoff	–	von dem Hof
Liliana	–	Liane (im Dschungel)
Kemp	–	engl. *camp*
Troche	–	Brosche oder Droschke
Vlatten	–	flattern oder Platten
Bukowitz	–	Buko (Käse) und Witz
Züllich	–	Zürich

Jokisch – Jockey und ich oder Kitsch
Dschugaschwili – Schuh und Asche und Willi (Vorname)
Wisocki – wie und Socke
Tullius – engl. *tool* und *-us* (lat. Endung)
Nicosia – nicken und kosen
Lortzinger – Lord und Singer (Nähmaschine)
Baronowsky – Baron und auf Ski(ern)

An dieser Stelle eine kurze Anmerkung: Vielleicht haben Sie sich schon gefragt: Was nützt es mir, wenn ich mir einen Namen vorstelle? Ich weiß damit immer noch nicht, welche Person diesen Namen hat. Das stimmt! Wenn Sie wissen wollen, wer diesen Namen hat, dann müssen Sie den Namen in Verbindung mit dem Gesicht des Betreffenden assoziieren. Diese Technik wird noch im nächsten Kapitel besprochen werden. Zunächst geht es darum, dass Sie üben, Namen assoziierbar zu machen.

In der nächsten Übung finden sie 20 Personen der dritten und vierten Gruppe, und ich möchte Sie bitten, zu diesen Namen ähnlich klingende Begriffe zu suchen. Sie werden sehen, es geht mit etwas Fantasie ganz leicht.

4

Übung

Wandeln Sie die 20 Personennamen ab.

Korke	Bäuer
Rabel	Erkes
Stum	Alfer
Quicker	Kripps
Kleier	Geiser
Reichelt	Stimeran
Frinks	Jelinek
Heyne	Zeiselhoven
Sippold	Klumm
Beles	Sistik

Namen aller Art

Nicht nur Personennamen lassen sich in vorstellbare Begriffe umwandeln, sondern auch Straßennamen, Namen von Firmen, Produkten, Bergen, Flüssen usw. Natürlich brauchen Sie auch dazu etwas Übung und Fingerspitzengefühl. Aber auch das werden Sie mit der folgenden Übung trainieren können.

Übung

4 *Namen aller Art: Suchen Sie ähnliche Begriffe.*

20 Straßennamen:

Am Wolfgraben
An der Schlade
Auelgasse
Am Urbacher Wald
Tuckerweg
Im Jägergarten
Fauststraße
Reuterstraße
Zur alten Fähre
Panzerweg
Kitschburger Straße
Oscar-Jäger-Straße
Bahnhofsplatz
An der Schleuterbach
Charlottenstraße
Wahner Straße
Breslauer Straße
Am Stichel
Röntgenstraße
Im Falkenhorst

Beispiel für „Am Wolfsgraben“: ein Graben mit einem Wolf

10 Firmen:

2

Auto Niesegang
Detektive Kripps
Möbel Auer
Töpferei Knorr
Stahlwerk Coiplot
Immobilien Sahner
Wäscherei Schwartmann
Baufirma Negent
Gerüstebau Pollerhof
Institut Badorf

Beispiel für „Auto Niesegang“: Niesen und Gang

5 Produkte:

Lux Zahnpasta
Nille Eiskreme
Ökker Schokolade
Rieter Orangensaft
Seller Wein

Beispiel für „Lux Zahnpasta“: Der Luchs als Markenzeichen auf der Tube

5 Berge:

Ellerspring
Echkopf
Moritzberg
Donnersberg
Erlenkopf

Beispiel für „Ellerspring“: Elle und springen

5 Flüsse:

Glan
Zinsel
Kraichbach
Prims
Ruwer

Beispiel für den Fluss Glan: Klan (z. B. Ku-Klux-Klan)

Damit Ihnen nun die assoziierbaren Begriffe beim Behalten helfen, müssen Sie Folgendes tun: Nehmen wir an, Sie müssten zur Firma Niesegang mit der Adresse „Am Wolfsgraben“. Dann stellen Sie sich einfach vor, wie Sie niesend einen Gang entlanggehen und plötzlich einen Wolf in einem Graben sehen. Wenn Sie dieses Bild vor Ihrem geistigen Auge aufgebaut haben, dann werden Sie sich noch nach Tagen daran erinnern, wie der Name der Firma und die Adresse lauteten. Das Gleiche gilt für Produkte. Wenn Sie sich vorstellen, wie ein Luchs durch diese Zahnpasta strahlend weiße Zähne bekommen hat, dann machen Sie es Ihrem Gedächtnis leicht. Noch ein letztes Beispiel für Namen von Bergen, denn das gleiche Prinzip gilt ja auch für alle weiteren Arten von Namen. Westlich von Mainz gibt es einen Berg mit dem Namen Ellerspring. Stellen Sie sich einfach vor, wie jeder, der diesen Berg besteigen will, vorher über eine Elle springen muss.

Wenn Sie diese Assoziationshilfen ab heute einsetzen, dann gibt es in Geografie, Geschichte, auf Reisen und im Geschäftsleben keine großen Probleme mehr mit Namen.

Frageseite

1. Wie machen Sie Personennamen assoziierbar?
2. Wie behalten Sie Namen aller Art?

Antwortseite

1. Sie wandeln Personennamen in ähnlich klingende vorstellbare Begriffe ab.
   (Wenn falsch: Abschnitt A)
2. Auch diese Namen werden assoziierbar gemacht (ähnlich wie bei Personennamen) und dann in einem Bild in Verbindung mit der Adresse, mit dem Berg oder Fluss usw. gebracht.
   (Wenn falsch: Abschnitt B)

Ideenliste

Übung 16

20 Personennamen:

Korke	–	Korken
Rabel	–	Rabe
Stum	–	stumm
Bäuer	–	Bauer
Erkes	–	Erker
Alfer	–	Alpha (griech. Buchstabe)
Quicker	–	*quick* (engl. = schnell)
Kleier	–	Kleie
Reichelt	–	Reich
Frinks	–	Kardinal Frings
Heyne	–	Heinrich Heine
Sippold	–	Sippe und *old* (engl. = alt)
Beles	–	Pele (Fußballspieler)
Kripps	–	Grips
Geiser	–	Geysir
Stimeran	–	Stimme und ran
Jelinek	–	*yellow* und *neck* (engl. = gelb und Nacken)
Zeiselhofen	–	Zeisig und Hof
Klumm	–	Klumpen
Sistik	–	listig

Übung

20 Straßennamen:

Am Wolfsgraben	–	Wolf und Graben
An der Schlade	–	Schlaglade
Auelgasse	–	Paul und Gasse
Am Urbacher Wald	–	der Urbach und Wald

Tuckerweg	– tuckern und Weg
Im Jägergarten	– Jäger im Garten
Fauststraße	– Faust
Reuterstraße	– Reiterstraße
Zur alten Fähre	– die alte Fähre
Panzerweg	– ein Weg mit Panzern
Kitschburger Straße	– ein Apfelkitsch vor einer Burg auf der Straße
Oscar-Jäger-Straße	– ein Jäger bekommt einen Oscar verliehen
Bahnhofsplatz	– Platz am Bahnhof
An der Schleuterbach	– schleudern und Bach
Charlottenstraße	– der Mädchenname „Charlotte“
Wahner Straße	– der Wahn
Breslauer Straße	– Breslau
Am Stichel	– Sichel
Röntgenstraße	– Röntgen
Im Falkenhorst	– der Horst eines Falken

10 Firmennamen:

Auto Niesegang	– niesen und Gang
Detektive Kripps	– Grips
Möbel Auer	– die Aue
Immobilien Sahner	– die Sahne
Wäscherei Schwartmann	– die Schwarte und der Mann
Baufirma Nengel	– Mängel
Töpferei Knorr	– knarren
Stahlwerk Coiplot	– Copilot
Gerüstebau Pollerhof	– poltern auf dem Hof
Institut Badorf	– im Dorf baden

5 Produkte:

Lux Zahnpasta – der Luchs
Nille Eiskreme – Vanille
Ökker Schokolade – ockerfarben
Rieter Orangensaft – der Reiter trinkt Orangensaft
Seller Wein – *to sell* (engl. = verkaufen), Wein verkaufen

5 Berge:

Ellerspring – Elle und springen
Echkopf – der Kopf und Esche
Moritzberg – Moritz auf dem Berg
Donnersberg – es donnert auf dem Berg
Erlenkopf – Kopf und die Erle

5 Flüsse:

Glan – der Klan
Zinsel – Zins
Kraichbach – am Bach kreischen
Prims – Bimstein oder Priem
Ruwer – rufen oder der Rufer

3. Namen und Gesichter – Lernhemmungen und Informationseinheiten

Das Gesicht

Wenn Sie wollen, dass Sie ein Gesicht mit dem dazugehörigen Namen besser und länger behalten, dann ist es auf jeden Fall unerlässlich, dass Sie einen Blick für Gesichter bekommen. Solange Sie Menschen sehen, aber ihre Gesichter letztlich doch nicht gesehen haben, so lange muss Ihr Gedächtnis einfach schlecht sein.

Damit Ihnen Gesichter ab heute mehr sagen als früher, werden Sie von jetzt an Gesichter nach einer Art Checkliste beobachten. Eine solche Checkliste analysiert ein Gesicht systematisch, angefangen bei den Kopfhaaren bis hinunter zum Kinn. Dazu müssen Sie sich einfach nur die folgenden Fragen stellen:

Wie sehen aus:

- die Kopfhaare?
- die Stirn?
- die Augen?
- die Nase?
- die Wangen?
- die Ohren?
- die Mundpartie?
- das Kinn?

Dazu das Beispiel des folgenden Fotos. Im Anschluss finden Sie meine Beschreibung für das Gesicht dieser jungen Dame. Da Beschreibungen auch den subjektiven Eindruck wiedergeben, kann es sein, dass Sie zum Teil etwas anderes aus dem Gesicht herauslesen als ich. Dennoch stimmen beide Beschreibungen, denn wichtig ist nur, dass Sie ein Gesicht aktiv gesehen haben.

Diese junge Dame hat mittelblonde volle Haare, in Locken gelegt. Die Stirn ist durch sie verdeckt, ebenso die Ohren. Die Augenbrauen sind etwas dunkler und schmal, die Augen selbst haben einen klaren Ausdruck und sind leicht mandelförmig. Die Nase ist gerade, der Mund hat volle Lippen, an der rechten Wange ist ein Grübchen zu sehen.

Diese junge Dame verkörpert einen bestimmten Typ. Für mich persönlich ist dieser Typ entweder eine Friseurin oder die Besitzerin einer Boutique. Sie könnte aber auch in einer Parfümerie arbeiten.

Vielleicht erstaunt es Sie an dieser Stelle, dass ich zusätzlich zu der Beschreibung des Gesichtes auch noch einen Typ festlege. Sicher werden Sie sagen, die Einteilung in solche Typen ist falsch und stellt nur ein Vorurteil dar. Das ist sicher richtig, aber Ihr Gedächtnis ist immer darauf angewiesen, etwas Greifbares aus einem Menschen zu machen. Und wenn dieses Greifbare ein Rückschluss auf den Typ ist, obwohl Sie bisher nur das Gesicht gesehen haben, dann ist Ihnen Ihr Gedächtnis dankbar, und außerdem: Vorurteile sind nur dann gefährlich, wenn sie sich unbewusst einschleichen. Bewusste und gezielt aufgebaute „Vorurteile" sind keine wirklichen, sie sind nicht gefährlich, denn Sie sind sich ja ihrer bewusst.

Schauen Sie sich nun die Gesichter in Übung 18 an. Ich möchte Sie bitten, alle dortigen Gesichter nach unserer Checkliste zu beschreiben und immer abschließend so zu beurteilen, dass Sie sich für irgendeinen Typ entscheiden. Tun Sie so, als kämen all diese Personen zum Casting. Sie fragen sich: Für welche Rolle nehme ich welchen Typ? Dabei muss dieser Typ nicht zwangsläufig ein Beruf sein, er kann auch allgemein eine Charaktereigenschaft wiedergeben, indem Sie z. B. sagen: Das ist ein listiger Typ, das ist ein fröhlicher Typ, das ist ein miesepetriger Typ usw. Meine Typenvorschläge finden Sie wieder in der Ideenliste am Ende des Kapitels.

Übung

Namen und Gesichter (20 Beispiele)

Frau Raphael

Herr Wieser

Frau Wahlen

Frau Grohne

Herr Poler

Frau Greinhof

Frau Weilerwiz

Herr Graulich

Frau Schuhaus

Frau Baumgarten

Herr Steinhage

Frau Walza

Frau Lidzinger

Herr Sedelhalder

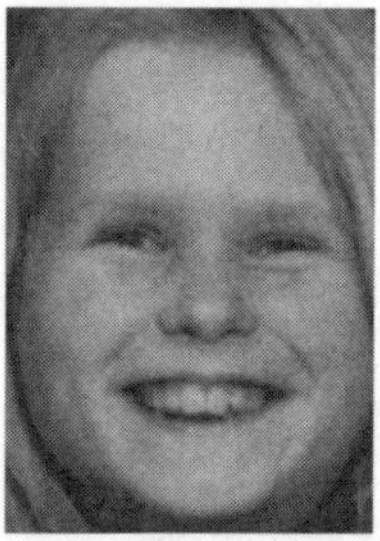
Frau Langendiehl

Frau Kleier

Frau Alfer

Herr Kaminski

Frau Weppen

Herr Hackländer

B. Der Name und das Gesicht

Der nächste Schritt ist nun, dass Sie lernen, ein Gesicht mit dem dazugehörigen Namen zu verknüpfen. Das ist gar nicht so schwer, wie Sie vielleicht meinen, denn Sie brauchen nur ein Wortpaar zu einem Bild zu verknüpfen. Dazu ein Beispiel: Nehmen wir an, die oben beschriebene junge Dame hätte den Namen „Müller“. Müller ist, wie Sie aus Abschnitt 1 wissen, ein vorstellbarer Name der ersten Gruppe, denn Sie kennen ihn bereits als Beruf. Der Typ auf unserem ersten Foto konnte als Friseurin beschrieben werden. Also stellen Sie sich ein Bild vor, wie ein Müller sich von einer Friseurin den Mehlstaub aus dem Haar waschen lässt. Versuchen Sie einmal, dieses Bild präzise zu sehen.

Wenn Sie später den Namen wieder abrufen, dann denken Sie einfach an die Szene im Friseurladen, wo Sie den Müller sehen. Dadurch kommt Ihnen der Name wieder ins Gedächtnis.

In unserem Beispiel haben wir den Namen Müller mit dem Typ der Person (Friseurin) in Verbindung gebracht. Es gibt aber auch noch eine andere Möglichkeit. Dazu müssen Sie sich einen markanten Punkt aus dem Gesicht herausgreifen. In unserem Fall halte ich das Grübchen auf der rechten Wange für einen einprägsamen markanten Punkt. Stellen Sie sich einmal vor, wie ein Müller auf dieses Grübchen Mehl streut, weil es ihn stört, weil er es gerne verdecken möchte. Auch in diesem Falle wird es Ihnen leicht fallen, den Namen „Müller“ wieder abzurufen, wenn Sie unsere junge Dame sehen, denn in der Praxis haben Sie sich ja nur deshalb für das Grübchen entschieden, weil es Ihnen als Erstes ins Auge fiel.

Damit Ihnen dieses Prinzip der Verknüpfung von Name und Gesicht noch etwas vertrauter wird, nehmen wir einfach einmal an, die junge Dame hieße nicht Müller, sondern Berendt. Dieser Name gehört laut Abschnitt 1 zur Gruppe 4. Ändern wir diesen Namen ab, dann ergibt sich daraus „Bär“ und „rennt“. Verbinden Sie dieses Bild mit der Friseurin, dann müssen Sie sich vorstellen, wie ein Bär in den Friseurladen rennt, um sich dort frisieren zu lassen.

Wenn Sie den Namen mit dem markanten Punkt verknüpfen wollen, dann sähe dieses Bild so aus: Ein Bär rennt hinter dieser Dame her, und seine Tatze berührt ihre Wange. Dadurch entsteht eine Vertiefung, die so ähnlich aussieht wie ein Grübchen.

Sie sehen also, der Fantasie sind keine Grenzen gesetzt.

Bitte versuchen Sie nun in dieser Art die Gesichter und Namen in der vorherigen Übung zu verbinden. Dabei suchen Sie sich entweder einen markanten Punkt aus dem jeweiligen Gesicht oder Sie charakterisieren einen Typ. Egal wofür Sie sich entscheiden, Ihren Eindruck von dem Gesicht müssen Sie dann in irgendeiner Weise mit dem Namen verbinden.

Alle Namen lassen sich in ein brauchbares Bild bringen. Wenn Sie aber dennoch Schwierigkeiten haben sollten, dann schauen Sie in unserer Ideenliste nach.

Lernhemmung und Informationseinheiten

Nehmen wir an, Sie würden zehn Vokabeln lernen. Jede Vokabel verlangt von Ihrem Gehirn ein bestimmtes Minimum an geistiger Verarbeitung. Dieses Verarbeiten ist aber nicht eine Sache von nur einem Augenblick, sondern nimmt schon etwas Zeit in Anspruch. Aber inzwischen lernen Sie bereits die nächsten Vokabeln, so dass der Verarbeitungsmechanismus, der für die vorherige Vokabel noch wirkt, gestört wird. Der Lernvorgang jeder vorherigen Vokabel wird also durch die folgende Vokabel gehemmt; man spricht von einer retroaktiven (rückwirkenden) Lernhemmung. Umgekehrt stört aber auch die vorherige Vokabel das Verarbeiten der nächsten, da sich das Gehirn für die nächste zwangsläufig noch nicht voll einsetzen kann. Es ist nicht in der Lage, die vorherige Vokabel einfach zu ignorieren. Diesen Vorgang nennt man eine proaktive (vorauswirkende) Lernhemmung.

Untersuchungen zu diesen Lernhemmungen haben Folgendes gezeigt: Für das Lernen von 20 Vokabeln braucht man eine ganz bestimmte Zeit; nehmen wir einmal zehn Minuten an. Nun sollte man meinen, dass man für das Lernen von 40 Vokabeln die doppelte Zeit braucht, also ungefähr 20 Minuten. Das stimmt aber nicht, denn in der Untersuchungsreihe haben Testpersonen 30 Minuten gebraucht, d. h. die dreifache Zeit. Bei 40 Vokabeln wirken sich die retro- und proaktiven Hemmungen wesentlich stärker aus als bei nur 20 Vokabeln. Daran sollten Sie denken, wenn Sie sich ein bestimmtes Lernpensum (Vokabeln, Telefonnummern, Mediadaten, Terminabläufe usw.) vornehmen und einteilen. Für ein doppeltes Lernpensum einfach nur die doppelte Zeit einzusetzen ist mit Sicherheit falsch! Die Lernhemmung tritt übrigens dann besonders stark auf, wenn Sie ähnliche Fächer hintereinander lernen, z. B. englische und französische Vokabeln. Untersuchungen haben auch gezeigt, dass sich ähnliche Fächer leichter überlagern und auslöschen.

In der Lerntheorie gibt es auch den Begriff der Information, wobei man darunter die Abweichung von der Erwartung versteht.

Beispiel: Deutschland spielt Fußball gegen England. Aufgrund der Mannschaftsaufstellung und der Berichte aus den Trainingslagern sind beide Teams in Hochform und darum die Gewinnchancen gleich. Infolge eines Defektes in der Stromleitung kann Familie Müller das Spiel weder im Radio noch im Fernsehen verfolgen. Da eilt plötzlich der Sohn des Nachbarn herbei und schreit lauthals: „Deutschland hat 2:1 gewonnen!" Das ist für die Anwesenden eine wichtige Information. Eine Minute später kommt der Nachbar selbst und sagt dasselbe. Natürlich reagiert keiner mehr darauf, da ja alle das Ergebnis schon kennen. An diesem Beispiel ist zu ersehen, dass dieselbe Nachricht einen unterschiedlichen Informationswert haben kann, je nachdem, was man erwartet.

Bevor nämlich der Nachbarssohn eintraf, erwarteten alle mit gleicher Wahrscheinlichkeit einen Sieg der Deutschen oder der Engländer. Nach seiner Meldung war die Wahrscheinlichkeit der Erwartung für Deutschland 100 Prozent, da die Anwesenden ja das Ergebnis sicher kannten. Somit brachte die Nachricht des Vaters für sie keinen Informationsgewinn mehr.

Daraus kann man folgern, dass Information etwas ist, das eine bestehende Unsicherheit abbaut, also etwas Neues. Das Maß der Information ist ein Bit. Der Nachbarssohn hat also eine Informationsmenge von einem Bit geliefert, während die des Vaters null Bit betrug. Auch dann liegt keine Information vor, wenn Ihnen z. B. in der Schule nichts Neues, also nur Bekanntes gesagt wird, denn Bekanntes verhilft Ihnen nicht dazu, eine Entscheidung zwischen zwei gleich wahrscheinlichen Alternativen zu ermöglichen. In einem solchen Fall spricht man von der Redundanz einer Information, also der Vorhersagbarkeit.

Ein Mensch kann nur eine bestimmte Anzahl von Informationseinheiten pro Sekunde aufnehmen und verarbeiten. (Im Alter von etwa 15 bis 30 Jahren verkraften Sie ca. 10 Bit/Sekunde, vorher und später weniger.) Wenn nun beispielsweise ein Lehrer seine Schüler überfüttert, wenn er also zu viele Informationseinheiten pro Sekunde vermittelt, dann sind die Schüler überfordert und der Unterricht ist sehr unproduktiv, weil das Gehirn nur lückenhaft aufnimmt. Bringt er wesentlich weniger Informationseinheiten pro Sekunde, als es die Schüler verkraften können, dann nutzt er die Zeit nicht optimal; auch hier ist der Unterricht wieder unproduktiv und meistens auch langweilig. Gute Vermittler von Lernstoff gehen den goldenen Mittelweg, indem sie den Unterricht zügig, interessant und verständlich darbieten.

Aber noch etwas sollten Sie wissen: Es gibt keinen Fall, in dem der Lernstoff, der vermittelt werden soll, 100-prozentig beim Schüler ankommt. Das kann daran liegen, dass sich der Vermittler nicht deutlich ausdrückt, dass zu schnell gesprochen wird oder dass der Schüler einfach nicht richtig hinhört. Diesen Fall nennt man „verloren gegangene Information". Zum anderen kennen Sie aber auch das Phänomen, dass der Zuhörende selbst Dinge hinzufügt, die nie gesagt wurden, die er nur vermutet oder die er meint, gehört zu haben. Diesen Fall nennt man „Rauschen". Rauschen ist also die Information, die der Zuhörende hinzufügt, von der er aber annimmt, sie sei ihm vermittelt worden. Auf diese Art und Weise entstehen die nur allzu gut bekannten Gerüchte. Beim Lernen ist es deshalb wichtig, die „verloren gegangene Information" und das „Rauschen" so gering wie möglich zu halten.

Frageseite

1. In welcher Art und Weise verarbeiten Sie ein Gesicht, das Sie sich merken wollen?
2. Wie verbinden Sie den Namen mit dem dazugehörigen Gesicht?
3. Welche zwei Arten von Lernhemmungen gibt es und was passiert, wenn ein Lehrer pro Sekunde zu viele oder zu wenige Informationseinheiten vermittelt?

Antwortseite

1. Sie beschreiben ein Gesicht nach einer Checkliste vom Scheitel bis zum Kinn. Anschließend kristallisieren Sie aus der betreffenden Person einen Typ heraus. Wenn Sie später etwas Übung haben, dann können Sie bereits einen Typ herauskristallisieren, ohne das Gesicht beschreiben zu müssen.
   (Wenn falsch: Abschnitt A)
2. Die Namen verknüpfen Sie entweder mit einem markanten Punkt des Gesichtes oder mit dem Typ, den Sie aus dem Gesicht herauslesen.
   (Wenn falsch: Abschnitt B)
3. Wenn Sie z. B. eine Reihe von Vokabeln lernen, dann stört jede vorangegangene Vokabel das Aufnehmen der nächsten (proaktive Hemmung). Ebenso stört jede weitere Vokabel das intensive Verarbeiten der vorhergehenden (retroaktive Hemmung).
   Bei einer überhöhten Anzahl von Informationseinheiten (Bit) pro Sekunde werden die Zuhörer überfordert und schalten ab. Bei zu wenigen Einheiten ist der Unterricht langweilig und unproduktiv.
   (Wenn falsch: Abschnitt C)

Ideenliste

Namen und Gesichter

Frau Raphael:	Typ Verkäuferin in einer Parfümerie; stellen Sie sich vor, wie sie dem Maler Raffael Parfüm verkauft.
Herr Wieser:	Lausbubentyp; stellen Sie sich vor, wie er auf der Wiese sehr viele Streiche ausheckt.
Frau Wahlen:	Lange markante Haare; stellen Sie sich vor, wie sie bei politischen Wahlen immer ihre langen Haare aus dem Gesicht streichen muss, wenn sie sich vor der Wahlurne bückt.
Frau Grone:	Typ einer Vorstandssekretärin; stellen Sie sich vor, wie ihr Chef durch ihre angenehme Ausstrahlung gekrönt wird (Grone = Krone).
Herr Poler:	Seine Nase ist markant; sie ist wie ein ruhender Pol in seinem Gesicht.
Frau Greindorf:	Sie könnte Verkaufsleiterin sein und verkauft in einem Dorf Reinigungsmittel.
Frau Weilerwiz:	Sie könnte in einem abgelegenen Dorf leben (abgelegenes Dorf = Weiler) und dort sehr lustig sein, also zu Witzen aufgelegt.
Herr Graulich:	Markant sind seine Geheimratsecken, die sich wie ein grauer Schatten durchs Haar ziehen.

Frau Schuhaus:	Ein kameradschaftlicher, etwas burschikoser Typ; stellen Sie sich vor, wie sie in einem Schuhhaus Schuhe verkauft.
Frau Baumgarten:	Sie könnte der Typ einer Kindergärtnerin sein; im Garten spielt sie mit den Kindern unter dem Baum.
Herr Steinhage:	Er könnte Staatsanwalt sein, der jemanden wegen übermäßigen Alkoholgenusses (Steinhäger) anklagt.
Frau Walza:	Sie erinnert an die 1930er-, 1940er-Jahre in Amerika; stellen Sie sich vor, wie sie dort in einem Film Walzer tanzt.
Frau Lidzinger:	Sie ist der Typ einer Bibliothekarin, die sehr auf Ruhe achtet. Sie schaut streng herüber, wenn jemand beginnt, ein Lied zu singen.
Herr Sedelhalder:	Er sieht aus wie ein Tüftler und Bastler und er hat eine Konstruktion entwickelt, mit der er den Rekord im Segeln halten kann.
Frau Langendiehl:	Sie ist ein sehr lustiges Mädchen mit langen Haaren, das in der Diele spielt.
Frau Kleier:	Sie könnte Arzthelferin sein, z. B. bei einem Tierarzt, und hat für diese Tiere immer die Taschen voller Kleie.
Frau Alfer:	Hier sind die Backenknochen und die Nase sehr markant; stellen Sie sich vor, wie Sie diese Nase und die Backenknochen durch griechische Buchstaben nummerieren; dabei beginnen Sie mit dem Buchstaben Alpha.
Herr Kaminski:	Er sieht aus wie ein Pastoranwärter, dessen Hobby Skifahren ist, und er lehnt seine Skier abends immer gegen den Kamin.

Frau Weppen:	Sie könnte ein Typ sein, der gerade in einer Schönheitskonkurrenz gewonnen hat, und als erster Preis wird ihr Gesicht in ein Wappen hineingraviert.
Herr Hackländer:	Er hat kurze Haare, die quasi abgehackt sind; das hat man mit ihm gemacht, weil er immer das Geländer der Treppen herunterrutscht.

Über den Autor

Günther Beyer, Jahrgang 1949, studierte Mathematik, Physik und Psychologie mit dem Schwerpunkt Lernpsychologie.

Er arbeitet seit 1970 im In- und Ausland als selbstständiger Trainer und ist Gründer und Leiter des „Instituts für Creatives Lernen ICL Günther Beyer GmbH“ sowie der „Beyer-Seminare GmbH“.

Der Autor von insgesamt 22 Sach- und Managementbüchern entwickelte zahlreiche Trainingsmethoden, gilt als Initiator und Begründer des heutigen Gedächtnis- und Konzentrationstrainings und ist durch viele Rundfunk- und Fernsehsendungen bekannt (ARD, ZDF, RTL, WDR).